日本国際教育学会紀要

ISSN 0918-5364

国 際 教 育

2020年

第 26 号

Journal of International Education No.26

日本国際教育学会

JAPAN INTERNATIONAL EDUCATION SOCIETY

表紙写真

Semester Examination at Pondok Gontor Putri, Indonesia (Photo by Mina Hattori)

Diponegoro University, Republic of Indonesia (Photo by Mina Hattori)

Loyola University, U.S.A. (Photo by Akio Kitano)

Birth Home of M. L. King, Jr. (Photo by Akio Kitano)

国際教育
第 26 号
Journal of International Education

CONTENTS

公開シンポジウムⅡ「仏教の国際化と教育」

課題研究「国際比較から見る教員の働き方改革」

日本国際教育学会関係記事

中国系第2世代の将来展望
—大学進学後の経験に着目して—

劉　昊
（LEC会計大学院）

〈キーワード：中国系ニューカマー／将来展望／大学進学／ニューカマー支援〉

1. はじめに

　本稿の目的は、大学における経験が中国系第2世代[1]の将来展望にどのような影響を与えるのかを明らかにすることである。

　法務省（2019）によれば、2019年6月末時点で日本における外国籍者数は、2,829,416人であり、過去最高となっている。このうち大半を占めるのが、インドシナ難民や日系ブラジル人、中国帰国者、留学生などの「ニューカマー」と呼ばれる人々である。ニューカマーが増加し始めた1980年代から30年以上が経過し、この間学術界ではニューカマーを対象とした多くの研究が蓄積されてきた。なかでも、第2世代がどのような進路をたどるのかは、大きな関心ごとの1つであった。従来、ニューカマー第2世代の進路に関する研究（以下、進路研究）では、構造的な問題を背景に、高校進学の支援に関する議論が多くなされてきた。しかし、近年では第2世代の大学進学率が大幅に上昇しており（本稿で取り上げる中国系に関して言えば、段階によっては日本籍とほぼ変わらない）、かれらの大学進学を明示的に議論する段階になっている（髙谷 2015；樋口・稲葉 2018, p.568）。そこで、本稿では中国系を事例に、ニューカマー第2世代の大学における経験と将来展望の関係に着目する。

2. 先行研究と課題設定

　ここでは、ニューカマー第2世代の大学進学に関する先行研究を概観し、本稿の課題を整理する。まず言及しておく必要があるのは、進路研究が義務教育終了後、すなわち高校進学に関する議論を中心に始まった点である（山﨑 2005；宮島・加藤 2005；志水編著 2008など）。これらの研究では、「誰が」「どのように」高校に進学する／しないのかが明らかにされてきた。その背景には、言語や文化資本、日本の学校教育システムなどに起因して、ニューカマーの子どもの高校進学率が日本人に比べて低い位置にあったためである。例えば、1999年における神奈川県の県立高校に関する調査では、外国人の高校進学率は4割程度であった（宮島 2014, p.29）。

　第2世代の年齢が多様化した2000年代中期に入り、高校進学率が上昇を見せるようになると、かれらの大学進学をめぐる研究が展開するようになる（山ノ内・齋藤 2014, p.92）。中国系ニューカマーの将来展望を考察した広崎（2007）は、教員文化と生徒文化が大学進学に対する阻害要因として働く一方、ボランティアや教員による支援が促進要因として機能する点を明らかにしている。また鍛治（2007）は、中国出身生徒の進路が移民世代や中国における父親の職などに影響される点に言及する。樋口・稲葉（2018）は、国勢調査などのデータを手がかりに、韓国・朝鮮籍と中国籍の大学進学率が日本籍と同等である点、ベトナム籍が日本籍と差を縮めている点、フィリピン、ペルー、ブラジル籍はかえって日本籍と差が広がっている点を明らかにしている。そのうえで、日本におけるニューカマー第2世代の大学進学は、かれらの「自助努力の結果」であると指摘する。これらの研究は、かれらがいかに大学と接続されるのか、すなわち高校進学の研究と同様に「入り口」の問題を議論してきた。そして、構造的に不利な環境にあるニューカマーの支援に大きく貢献してきた。

　研究が進むにつれ、入り口の問題を引き継ぎつつも、当事者自身の進学論理が注目されるようになる。今井（2008）は、大阪の高校に在籍する中国系や韓国系生徒などの将来展望を「とりあえず進学型」「架け橋型」「国際型」「手に職型」「現実直面型」の5つに分類し、かれらが過去の経験を将来展望に結び付ける姿を描いている。また、矢元（2016）は、日本で高校を卒業したフィリピン人の大学進

学理由を「国際的な経験に基づく進学」「言語能力を活かすため」「日本以外における将来展望」の3つに整理している。上原（2018）は、困難から逃避するために「帰国」を言い訳にしていた日系南米人の子どもたちが、帰国が見込めなくなると日本で生きていくための課題に向き合う姿勢に変化していく点を描いている。これらの研究が示唆的なのは、経験と進路意識を積極的に関連付けている点にある。つまり、過去の経験から進路に対する意味づけを問うことで、主体としてのかれらの姿を示したのである。

　ここまでみてきたように、先行研究ではニューカマーの子どもが、どのように大学と接続されるのかに重心が置かれてきた。しかし、かれらの人生のゴールが「大学に入ること」では決してない点を考慮すれば、大学を「経験の場」として捉えることが必要となる。つまり、「どのように大学進学を果たすのか」だけでなく、大学で何を経験し、その経験と過去の経験がどのように結び付けられ、そして将来展望にどのような影響を及ぼすのかを問うことも重要になるのである。そこで、本稿では従来論じられることがほとんどなかった、大学における経験に注目する。そして、大学進学を果たした中国系青年を事例に、ニューカマー第2世代の大学における経験とその後の将来展望の関連を明らかにする。

　以上のように、本稿でも第2世代の経験と将来展望の関連性を重視するが、その際、ニューカマー研究で重視されてきた「物語の視点」が重要な手がかりになる。広田（1997）はスルスキー（1979）の議論をもとに、異質な世界に家族が適応する過程では、「だれが、何のために移住するのかについての家族の『物語』」（p.58）が形成され、家族は形成された物語にもとづいて、移住先社会を生きていくことになると述べる（p.59）。こうした状況では、子どもたちの将来展望も家族の物語との関連のなかで展開される教育戦略によって規定されていく。しかし、形成された物語の有効性は子どもの年齢が上がるにつれ、薄れていく。すなわち、「物語＝状況の定義」（広田 1997, p.59）を繰り返しながら、子どもたちは自分で人生の物語を修正していくようになるのである（広崎 2007, p.228）。

　このように、物語への着目は、すなわち第2世代の主体としての姿を重視することを意味する。これまでニューカマーの子どもは解決すべき問題を抱えた「弱者」だと捉えられる傾向にあった。一方で、山ノ内・齋藤（2016）が「文化間移動をする子どもたちの『生』をとらえ、その文化化の営みに内包される可変性と創造

性を積極的に意味づけること」(p.104) が必要だと指摘するように、近年ではかれらの「弱者」ではない側面が強調されるようになってきている。そして、先行研究では可変性や修正性を重視する物語の視点に立つことで、そうした指摘に応えようとしてきた（広崎2007；今井2008；上原2018など）。

既述のとおり、本稿では大学における経験に注目するが、状況の定義が経験によって絶えず修正されていくのだとすれば、大学時代の経験もかれらの「将来の物語」に大きな影響を与えるはずである。そのため、可変性や修正性を重視する物語の視点の立つことで、受け身ではない第2世代の創造的な側面を描き出せると考えられる。また、大学における「文化的背景が異なる人々」の象徴として、これまでは留学生が想定されてきた。そして、かれらに対する支援が盛んに論じられてきた。一方、ニューカマー第2世代は留学生とは異なる文化的背景をもつ（三浦2020）。そのため、ニューカマー特有の課題を想定した支援を行うためにも、かれらの大学における経験を理解することが重要であろう。

3. 調査概要

本稿では、大学進学を果たした中国系第2世代9人に対して行ったインタビューをデータとして用いる（2015年～2019年）。サンプリング方法には、雪だるま式サンプリングを用いた。インタビューは、1件あたり2時間～3時間であり、半構造化インタビューで行った。場所は、カフェや居酒屋、大学の教室などであった。使用言語は中国語と日本語であり、対象者の許可を得たうえでICレコーダーに録音し、後日文字起こしを行った。質問内容は、来日経緯、家族関係、学校生活、進路意識などを中心に自由に語ってもらった。なお、紙幅の関係上、本稿では調査対象者のなかでも、進路や大学における経験を特に厚く語った奈々、佳玉、祥宇、良平の4名を中心に取り上げる。

なお、本稿は少数サンプルによる事例研究であるため、一般化の問題がともなうと考えられる。この点に関して、ステイク（2000=2006）は、「自然な一般化」の視点から事例研究の意義を指摘する。すなわち、「事例研究者は、社会的経験を観察し、それを報告することをとおして、読者を振付け」、そして「経験や文脈を描き出すことで、事例研究者は、読者による知識構築を手助けする」と述べ

表　調査対象者プロフィール[2]（インタビュー時）

名前[3]	性別	年齢	来日年齢	国籍	学歴	来日経緯
佳玉	女	20	日本生まれ	中国	大学在学（日本）	両親留学生
奈々	女	23	12	中国	大学在学（日本）	帰国者家族
美希	女	30	8ヶ月	中国	大卒（日本）	帰国者家族
子文	男	20	14	中国	大学在学（日本）	両親出稼ぎ
祥宇	男	20	12	中国	大学在学（日本）	国際結婚連れ子
武志	男	27	日本生まれ	中国	大卒（日本）	帰国者家族
良平	男	30	2	日本	大学院卒（日本）	両親留学生
隆宏	男	23	日本生まれ	日本	修士課程在学（日本）	両親留学生
浩軒	男	22	11	中国	大学在学（日本）	両親出稼ぎ

る（p.110）。つまり、少数事例でも「部分的にではあれ、何らかの出来事について知ることができる」（p.110）のである。先述のように、進路研究では大学進学における「入口の問題」に関する議論が多く、大学進学後の経験が語られることはほとんどなかった。そのため、新たな知識構築の点で本稿の意義があるといえる。

4. 大学における経験と将来展望の描き直し

　ここでは、中国系第2世代たちがどのような背景で大学に進学し、そして大学における諸経験によって、どのように将来展望を再構築していくのかをみていく。将来展望に大きな影響を与えた大学時代の経験として、対象者の語りから抽出されたのは、「留学経験によるルーツの肯定」「ルーツ観光による将来の方向づけ」「現実直視による将来展望の限定化」の3つであった。

4-1. 奈々の事例：留学経験によるルーツの肯定

　ニューカマー研究では、いじめなどの経験による子どもたちの自己肯定感喪失が多く報告されている。本研究でも、中国というルーツに肯定的な感情をもてなかったと語る者がみられたが（奈々、祥宇、武志）、特に顕著だったのが12歳の

時に来日した奈々である。

　まず言及しておく必要があるのは、奈々にとって、来日が非常に肯定的に受け止められていた点である。「中国じゃない血が自分にあるとか、人と違うなみたいな、嬉しかったし」と語るように、「中国じゃない血の故郷」である日本に行けることに加え、友人関係が上手くいっていなかったという中国の学校から「脱出」できるからであった。しかし、明るい未来をもたらすはずの来日は、すぐに彼女の生活に影を落とすことになる。

　　　自分の文化を凄い否定してました。1人だけ文化違うんで、自分は間違って
　　　るって。家の文化、親の文化は間違ってる。凄い否定してましたね。自分自
　　　身も家も。もし自分と同じ文化の中国の方とかいたら、これは文化なんだっ
　　　て、その時わかったんです[4]。（奈々）

　劉（2016）では、中国系第2世代たちがルーツをめぐって自身と中国を切り離す姿が描かれているが、奈々もまた「お弁当の作り方」や「風呂文化」などの文化的差異を卑屈に感じ、自身のルーツを否定するようになっている。そして、自分だけでなく両親にも外で中国語を話さないように求めるなど、中学から高校はまさに「どん底」だったという。こうしたルーツの否定は、やがて彼女の進路に対する考え方にも影響を及ぼすようになる。

　既に述べたように、来日前の奈々は2つのルーツがあることを非常に肯定的に捉えていた。そのため、来日後は自分の強みを失わないよう、家では意識的に中国語を使うようにしていた。もちろん、そこには両親の日本語力や教育方針という理由もあるが、奈々自身も積極的に語学力を活かした「国際的な将来」を望んでいた。しかし、ルーツの否定によって、その国際的な将来に対する希求は、異なる方向に向かうようになっていく。この点を特によく表しているのが、大学進学である。

　　　日本にいるのが苦しく感じてました。日本でも中国でもない所に行けば本当
　　　の自分になれるって。これは中国人、これが日本人とかじゃなくて、1人の
　　　人間として自分はどういう考えを持っているんだろうっていうのを探りたく

て日本から出たかった。（奈々）

　奈々によれば、大学を選ぶ際に最も重視したのが「国際的なことができるかどうか」であった。そのため、彼女は進学先として留学に手厚い大学を選んでいる。奈々は元々国際的な将来展望を有していたため、一見この選択は自然なように感じられる。しかし、注意したいのは、彼女の意味する「国際的なこと」が単純に語学や文化の習得ではない点である。語りのように、ルーツを否定するようになって以来、彼女は日本や中国に居場所がないと感じるようになる。そして居場所を求めて、第3国を希求するようになっている。すなわち、彼女の大学選択をめぐる論理は「ルーツを活かせる場所」から「ルーツを見つめ直す場所」へと書き換えられていったのである。以上の想いのもと、奈々は大学2年生の時、アメリカに留学を果たすが、留学先での経験が彼女のルーツに対する認識を大きく変化させていく。

　　日本の文化とかも脱ぎ捨てる、うまく使いこなせるようになったというか。閉じ込めていた苦しい感じがアメリカの文化でパってなれて、自分のなかにあった中国の否定していた面をこれは文化なんだって。自分のなかのモヤモヤがちょっとはっきりしてきた。（奈々）

　留学先で奈々は、アメリカ文化の開放性に触れ、自分の悩みの小ささを感じたという。また、ホストファミリーや中国出身の家族など、自身のルーツを肯定的に認識させてくれるような重要な出会いを多く経験したという。そして、語りのように、そうした人々と接するうちに、彼女はそれまで卑屈に感じていた中国の「悪い面」を「文化」だと捉え直すようになったのである。こうして、留学の経験によって中国系としての自分を肯定的に認識するようになった奈々は帰国後、ラオスでのボランティアや国際研究部部長としての活動、国際社会学ゼミへの所属など、ルーツを前面に出した大学生活を送るようになったという。
　奈々は現在、就職活動中である。面接の自己アピールで誇らしげに自身のルーツを語る彼女の希望は、国際環境や国際経済などの国際問題に関わることができる企業、すなわち自身の強みを活かせる企業である。そして、「何かしらの面で

日中の架け橋になりたい」と考えるほどに、現在では一度捨ててしまおうと考えたルーツへの想いを強めている。

4-2. 良平、佳玉の事例：ルーツ観光による将来の方向づけ

　調査対象者たちの将来展望に大きな影響を与える2つ目の経験として、「ルーツ観光」を挙げることができる。ルーツ観光とは、移民が親族訪問、文化／言語習得、余暇などを目的に祖国や親の出身国を訪問する行為を指す（Feng & Page 2000）。移民研究では、訪問先での経験が訪問者の人生に影響を及ぼす可能性がしばしば指摘されている。例えば丸山（2012）は、中国系アメリカ人2世のルーツ観光経験を単なる旅行ではなく、「意味あるもの」として描いている。そこでは、かれらが両国の習慣や生活レベルの差を目の当たりにした結果、帰属意識がアメリカに向かうことが明らかにされている。本稿の対象者のなかで、大学時代の中国への一時的な訪問によって将来展望が再構築されていったのが、良平と佳玉である。

　濃淡はあるものの、本稿の調査対象者たちは大学進学を語る際、ほぼ全員が将来展望に「国際性」を含んでいた。一方、「そこ（やりたいこと）なかったんですよね」というように、良平だけは国際的な進路を語ることはなかった。そのため、良平は「大学を出る」ことを目標に、地方国立大学の理系学部に進学した。このように、「とりあえず進学型」（今井 2008）の良平だったが、大学時代の中国訪問が彼の将来展望を明確にしていくことになる。

> 「中国はこれから変わるよ」とかニュースでもよくやるようになって、「経済成長も凄いよ」って、本当のところどうなんだろうと思って。自分が思ってる昔と全然違うけど、でも実際行かないとわからないって思って行ってみた。（良平）

　それまで中国に興味がなかったという良平は、日々繰り返される中国関係の報道に刺激を受け、2年生の時に上海へのひとり旅を決行する。訪問先で彼が目にしたのは、昔とは全く異なる「華やかな」中国の姿であった。その時を境に、彼は他の調査対象者と同様、中国を含む国際的に活躍する自分を想像するようにな

る。また、中国訪問は良平を大学内の様々な活動に接続する役割も果たした。例えば、大学が提供する海外への国際研修やそれまで関わろうとしなかった国際交流にも積極的に参加するようになったという。こうした経験によって将来展望が明確になった良平は現在、日本最大手の機械メーカーに勤務している。そして、中国の「トップスピードで厳しい環境」で自分の力を試してみたいと力強く話す。

　佳玉もまた、良平同様中国への一時帰国を背景に、目標を明確化させている。佳玉の物語をみるうえで、彼女がどのような教育方針のもとで育ったのかが重要となる。佳玉によれば、元留学生であった両親は「勉強」に非常に厳しく、彼女に業績主義的な将来を強く望んでいた。そのため、小さい頃は塾など、多くの習い事をしていた。なかでも特徴的なのが、留学生ネットワークで作られた学習室であった。学習室では、教育を重視する元留学生の親が同胞の子どもに勉強を教えていたが、それが佳玉学業成績向上に大きく寄与した。

　一方、学習室の内部では、「誰の子が何大学に受かったか」という親同士による競争も頻繁に行われた。そのような状況で、両親が佳玉に望んだのは、国立大学の医学部だった。「コンプレックスっていうか、嫌でした」と語るように、佳玉は中国人コミュニティ内で比較されることが非常に苦しかったという。しかし、両親から「『意味がない大学』なら行かなくて良い」と常に言われていたため、コンプレックスを感じながらも医学部への進学を果たす。

　　学年で何番取りたいとか、そういう感じだったので。特に自分が将来どういう仕事をしたいとかは全く思ってなくて。(佳玉)

　このように、佳玉にとって医学部への進学は両親の期待に応えるためになされた選択に他ならなかった。換言するならば、両親が紡いだ物語を内面化した結果の進学であった。一方で、良平と同様、大学での中国訪問が彼女の考え方を豊かにする転機となる。

　　中国に帰って大きいビジネスをやりたいなっていうのもちょっと考えてたり。医療制度とか、日本の病院の丁寧な感じとか凄い良いなって思って、そういうサービスとかを持って行けたらなって。(佳玉)

大学入学後、佳玉は中国語を学びたいという理由から、大学が企画する中国への短期語学研修に参加している。そこには様々な国の参加者がいたが、かれらのほとんどが中国でのビジネスを考えていたという。上記のように、元々佳玉は将来の夢や明確な目的があって、医学部に進学したわけではない。しかし、中国で出会った考え方に触れるうちに、自分の進学に対して意味づけをし直すようになる。すなわち、医師業に従事するだけでなく、医療関係の事業を想像するようになっている。このように、「親の期待に応える物語」とも呼べる進学の論理を引き継ぎつつも、佳玉は自分独自の将来展望を再構築していったのである。

4-3. 祥宇の事例：現実直視による将来展望の限定化

　ここまで、奈々、良平、佳玉を事例に対象者たちが大学での経験によって、将来展望に対する想像力を膨らませていく様子をみてきた。一方で、大学における経験がかれらに将来展望の限定化を迫る場面もある（美希、祥宇、武志）。この点に特に言及したのが祥宇である。

　祥宇は母親が日本人と再婚したために、12歳で来日している。実父が中国で商売をしていたという背景から、祥宇も来日前からいつかは起業をすると将来を漠然と考えて商業高校に進学した。そして、高校で起業に対する思いがさらに高まったという祥宇は、推薦入試で私立大学の経営学部に進学した。当時、彼が考えていたビジネスは漠然ではあるが、日中間を中心に、多くの国を巻き込んだ「大きな商売」であった。そのために、彼は大学入学後、積極的に大学の語学センターに出入りしたり、中国人留学生とも積極的に接したという。こうした取り組みは、祥宇の語学力や対人関係などのスキルを大きく向上させた。しかし、目標を叶えるための取り組みは一方で、彼に「現実」を付けつけることにもなった。

　　北京に行った時、ある大学の教授と話をしました。多くの人が帰国をすすめるけど、どう思うか聞いてみたんです。そしたら、日本から帰国するだけなら中国の大学生と何も変わらないと言われました。今の君の状況、しかも世界的に有名な大学でもないので、帰ってもあまり発展性がないと言われました。多くの人とも話したことありますけど、良い発展は本当にないようです。

だから、日本を選びます。（祥宇）

　ある年、祥宇は見識を広げるという理由で北京に行っている。その際、中国の教授と交流する機会があったが、その時のやり取りが上記の語りである。祥宇はそれ以降、学歴や語学力をはじめとする資本に対して、自分が置かれた現実をみるようになった。そして、それまで参加していた語学センターでも、留学生が自分よりもはるかに高い能力を備えており、中国人には勝てないと意識するようになったという。こうして、祥宇の中国における将来展望は立ち消えていったのである。ただし、注意したいのは、「大きな商売」という目標自体が消失したわけではない点である。

　　日本だとお金の稼ぎ方に理解があります。どの資格が何に有利かとかある程
　　度わかります。でも中国の事情はわかりません。だから、中国に将来は感じら
　　れません。（祥宇）

　中国での発展が見込めなくなった祥宇だったが、この経験で彼は自身の立ち位置を相対化するようになっていく。すなわち、自身に備わった資本を発揮できる場所を見極めるようになったのである。この点に関して、彼は日本文化に精通している点にも言及している。そして、「中国人との勝負」のかわりに、日本人を相手にしたビジネスへと方向転換をしたのである。このように、大学時代の現実直視の経験は祥宇に将来展望の限定化をさせる一方で、将来展望の戦略を考え直す契機にもなっている。紙幅の関係上、詳述できないが、大学在学中に休学をして中国で雑貨屋を営んだ美希も、「中国の人は頭が良すぎるから、何か日本で育ってるからついていけない」と現実に直面したために、将来展望を日本に限定させている。

5. まとめと考察

　本稿では、物語に依拠しながら、大学時代の経験によって中国系第2世代が将来展望をどのように再構築していくのかを描いた。本稿で明らかになった点を整

理しておこう。大学時代において、かれらの将来展望に大きく影響した経験として、インタビューからは「留学経験によるルーツの肯定」「ルーツ観光による将来の方向づけ」「現実直視による将来展望の限定化」の3つが整理された。まず、奈々は文化的差異によって、中国というルーツを否定するようになった。しかし、大学在学中の留学で、それまで卑屈に感じていたものを「文化」として認識したことによって、彼女はルーツとしての中国を肯定するようになっていた。そして、その経験から「日中の架け橋」という目標を掲げるようになっていた。また、明確な将来展望がないまま、大学に進学した良平や「両親の期待に応える物語」を生きていた佳玉は、大学時代に訪れた中国で、将来展望を意味づけ直し、自分独自の物語を再構築していた。そして、日中を中心に世界的な活躍を想像していた祥宇は、自身に備わっている資本では中国で生き抜いていけないという現実を知り、将来展望を戦略的に修正していた。

　文化間移動においては、どのような「場」でどのような経験をするのかが重要だといわれている（加賀美・徳井・松尾編著 2016）。それでは、大学を「経験の場」として捉えた時、以上からどのような示唆が得られるのであろうか。

　第1に、大学という場の「補完性」である。移民の子どもの人間形成や将来展望を考える際、先行研究では「場」としての学校[5]の重要性が繰り返し論じられてきた。例えば、Olsen（1997）は、学校内の特別教室が移民の子どもたちの自己肯定感を育むと述べる。しかし、こうした場を学校が提供できない場合、学校外の場が重要となる。この点に関して、三浦（2012；2015）はエスニック教会や地域学習室がフィリピン系ニューカマー第2世代の「ルーツ確認の場」「承認の場」などとして機能する点を描き出している。すなわち、学校外の場が学校を補完するというのである。一方、本稿で取り上げた中国系に関していえば、かれらはフィリピン人や日系ブラジル人が形成するような宗教ネットワークを利用することはない。また、ブラジル人学校のような場を利用できる者は非常に限定的である（坪谷 2008, p.147）。さらに、本稿の対象者の多くは外国人非集住地域に住んでいたため、同国人との紐帯を結ぶ機会もほとんどない。実際、佳玉を除き同じルーツをもつ人と関わる場面はほぼなかったという。このように、かれらの成長過程において、学校を補完するような「エスニックな場」は欠如していたのである。こうした状況では、例えばルーツに対して否定的になった場合、学校内に

承認の場がなければ、奈々のように自ら中国を切り離してしまう可能性がある。また、良平や佳玉のように、自身のルーツと将来展望を関連づけることが難しくなる可能性もある。しかしその場合でも、本稿の事例からわかるように、大学における様々な経験が、それまで失われていたルーツへの自己肯定感を取り戻させたり、将来展望を多様なものへと導くのである。そのため、今後は義務教育や高校における学びを補完する場所として、宗教施設や地域学習室などだけではなく、大学にも着目する必要がある。

　第2に、かれらの物語の修正性を「大学ならではの学び」と関連させて理解することである。例えば、佳玉と奈々は大学を介して留学や研修を経験している。その後、奈々については国際的なボランティアに参加したり、自分の将来展望に相応しいゼミを選択している。良平も中国訪問後、大学が提供する国際研修に参加して、自身の強みを活かそうとしていた。こうした一連の経験は、高校まででは経験困難な、大学だからこそ提供できる学びの経験だったといえる。また、祥宇は語学センターで、それまでほとんどなかった留学生との交流によって、自身の立ち位置を相対化している。すなわち、語学センターという、大学だからこそ提供しうる場が彼に将来展望を戦略的に捉え直す契機を与えたのである。先行研究では、ニューカマーの子どもたちが育ちの過程で、将来展望や進路意識を「自分の物語」（上原 2018, p.102）として語り直していく様子が描かれてきたが、今後は大学だからこそ提供できる資源や、大学だからこそ経験できる学びをも俎上に乗せて考えることが必要であろう。

　最後に本稿の課題を示しておこう。第1に進学先による違いである。本稿で取り上げたのは日本の大学に進学した者たちだったが、どのような経験をするかは進学した国によっても大きく異なる。そのため、今後は留学生として中国や第3国の大学に進学した者も分析に加える必要がある。第2に、正課活動への着目である。今回は留学やルーツ観光など授業外活動にのみ言及したが、大学の講義なども将来展望に大きな影響を与えると考えられる。そのため、今後は正課活動も考慮する必要がある。第3に、エスニシティ内部の差異である。本稿で取り上げた中国系は、帰国者家族、留学生の子ども、出稼ぎ労働者の子どもなど、様々な背景を抱えた人々を内包している。このことは、教育戦略や保有する資源／資本などに大きく関わるため、今後はかれらが置かれた歴史的文脈や社会的背景に注

13

目しながら分析することも有効であろう。

〈謝辞〉
　本研究は、JSPS科研費19K14135の助成を受けたものです。

【注】
1）本稿の対象者のなかには、1.5世とされる年齢で来日した者もいるが、本稿では三浦（2015）
　と同様、1.5世も含めて第2世代とする。
2）調査にあたり、中国系第2世代13名に対してインタビューを行ったが、うち4名は留学生
　として中国の大学に進学している。ルーツが中国にありながら留学生として中国で進学する
　ことは大きく文脈が異なると思われるため、本稿では触れていない。
3）全て仮名。
4）語りに関しては、フィラーのみを排除し、対象者の発言を極力正確に示している。
5）ここでは、義務教育や高校の段階を指す。

【引用文献】
1）今井貴代子（2008）「『今―ここ』から描かれる将来」志水宏吉編著『高校を生きるニュー
　カマー―大阪府立高校にみる教育支援―』明石書店, pp.182-197.
2）上原美穂（2018）「外国籍生徒の学校適応と進路選択―日系人青年の語りから―」『質的心
　理学研究』第17号, pp.87-104.
3）Olsen, L.（1997）Made in America: *Immigrant in Our Public Schools*, New York: The
　New Press.
4）加賀美常美代・徳井厚子・松尾知明編（2016）『異文化間教育学大系2　文化接触における
　場としてのダイナミズム』明石書店.
5）鍛治致（2007）「中国出身生徒の進路規定要因―大阪の中国帰国生徒を中心に―」『教育社
　会学研究』第80集, pp.331-349.
6）金井香里（2004）「日本におけるマイノリティの学業不振をめぐる議論」『文部科学省21世
　紀COEプログラム東京大学大学院教育学研究科基礎学力研究開発センターワーキングペーパ
　ー』第10巻, pp.1-11.
7）ステイク・ロバート（2000）「事例研究」デンジン, K, N・リンカン, S, Y編（2006）『質的
　研究ハンドブック2巻―質的研究の設計と戦略―』平山満義他訳, 北大路書房, pp.101-120.
8）Sluzki, C. E.（1979）"Migration and Family Conflict" *Family Process* 18, pp.379-390.
9）髙谷幸（2015）「2010年国勢調査にみる外国人の教育―外国人青少年の家庭背景・進学・結婚―」
　『岡山大学大学院社会文化科学研究科紀要』第39号, pp.37-56.
10）坪谷美欧子（2008）『「永続的ソジョーナー」中国人のアイデンティティ―中国からの日本留
　学にみる国際移民システム―』有信堂.
11）樋口直人・稲葉奈々子（2018）「間隙を縫う―ニューカマー第二世代の大学進学―」『社会学評論』
　68巻4号, pp.567-583.
12）広崎純子（2007）「進路多様校における中国系ニューカマー生徒の進路意識と進路選択―支
　援活動の取り組みを通じての変容過程―」『教育社会学研究』第80集, pp.227-245.

13）広田康生（1997）『エスニシティと都市』有信堂.

14）Feng, K & Page, J. S（2000）"An Exploratory Study of the Tourism, Migration-Immigration Nexus: Travel Experiences of Chinese Residents in New Zealand" *Current Issues in Tourism* 3（3）, pp.246-281.

15）法務省（2019）「在留外国人統計」http://www.moj.go.jp/housei/toukei/toukei_ichiran_touroku.html, 閲覧日2020年2月20日.

16）丸山奈穂（2012）「故郷を求めて—中国系アメリカ人のルーツ観光経験—」『観光研究』Vol.23/No.2, pp.13-18.

17）三浦綾希子（2012）「フィリピン系エスニック教会の教育的役割—世代によるニーズの差異に注目して—」『教育社会学研究』第90集, pp.191-212.

18）三浦綾希子（2015）『ニューカマーの子どもと移民コミュニティ—第二世代のエスニックアイデンティティ—』勁草書房.

19）三浦綾希子（2020）「高等教育で学ぶ移民第二世代の若者たち—大学での経験は何をもたらすのか—」『現代思想』vol.48-6, 青土社, pp.195-203.

20）宮島喬・加藤恵美（2005）「ニューカマー外国人の教育機会と高校進学—東海地方A中学校の『外国人指導』の観察にもとづいて—」『応用社会学研究』No.47, pp.1-12.

21）宮島喬（2014）『外国人の子どもの教育—就学の現状と教育を受ける権利—』東京大学出版会.

22）山﨑香織（2005）「新来外国人生徒と進路指導—『加熱』と『冷却』の機能に注目して—」『異文化間教育』第21号, pp.5-18.

23）山ノ内裕子・齋藤ひろみ（2016）「外国人児童生徒の教育」小島勝・皐　悟・齋藤ひろみ編『異文化間教育学大系1　異文化間に学ぶ『ひと』の教育』明石書店, pp.83-108.

24）矢元貴美（2016）「フィリピンにルーツを持つ子どもの大学・短期大学への進学理由—日本で高等学校を卒業した人たちの事例から—」『移民政策研究』第8号, pp.89-106.

25）劉昊（2016）「非集住地域における在日中国人ニューカマーのホーム意識—中国との関係性の不在に着目して—」『21世紀東アジア社会学』第8号, pp.92-106.

ABSTRACT

Future Life Prospects of Second-Generation Chinese in Japan: Focusing on the Influence of Experiences in College

LIU Hao
(LEC GRADUATE SCHOOL OF ACCOUNTING)

<Keywords: Chinese newcomers/ future prospects/ college enrollment/ support for newcomers>

In this paper, I describe how college experiences affect future life and career prospects of second-generation Chinese immigrants in Japan.

More than thirty years have passed since the rise of 'newcomers', during which time various studies about the life path of immigrants have accumulated. Previous studies have concentrated on the college-entry phase, especially issues of access to and strategies for advancing to college. However, in recent years college enrollment rate of newcomers has increased, and it is therefore important to focus on what these individuals experience after entering college. This paper addresses second-generation Chinese immigrants as a case study to examine how their college experiences affect their future life prospects. I employ the lens of "narrative", which is increasingly becoming an important framework in recent studies on education of newcomers.

For the purposes above, an interview survey was conducted on nine college-going second-generation Chinese newcomers. Particularly, interviewees' backgrounds, reasons for going to college, and experiences at college were addressed. Then, how the interviewees' future life prospects were modified through their experiences at college was considered.

Narratives of the interviewees reveal various stories: about how study abroad led to a positive acceptance of the interviewee's Chinese roots, which they had denied until then; about how a temporary visit to China had enriched their future prospects; about those who have limited their future possibilities in the face of their own reality in China.

Analysis in this paper leads to two conclusions. The first is on "the complementarity of colleges." Previous studies have noted the important role of places outside of school, such as religious institutions and local study rooms, in complementing schools. Yet, until now there have been students for whom access to these resources was not available. This study indicates that even in the case of such students, experiences at college may restore their self-affirmation in their Chinese roots and diversify their future prospects. Second, in the process of focusing on immigrants' narratives, we should understand the modifiability of these narratives as this relates to "learning which can only be experienced at college." Previous studies have described how, in the growth process leading up to college, newcomer children modify narratives on their future prospects and career as "their own" stories. By contrast, second-generation Chinese in this study modify narratives on their future prospects according to the experiences they underwent in their college days. In conclusion, it is necessary to consider the resources that can only be provided by colleges and the learning that can be experienced only at colleges.

エジプトにおける
アズハル系イスラーム女子学校の創設と展開

内田 直義

（名古屋大学大学院）

〈キーワード：女子教育／教育改革／宗教教育／イスラーム／エジプト〉

はじめに

　エジプトでは、長く教育の男女格差が問題視されてきた。1922年に英国からの植民地状況を脱してからは就学率の上昇が目覚ましかったが、女子教育の普及はナーセルが自由将校団を率いて1953年に共和制の政治体制を確立したあとも教育課題として残った。他方、2017年の15歳から24歳の若年識字率は全体で約88.2％あり、男女差も約2.7％と小さくなってきている。近年は国民全体に教育機会の保障が図られ、男女間の格差は縮小した[1]。実際に、2016/17年度の一般学校における男女別の就学者数は、小学校から高校を合わせて男子約888万名に対し女子約856万名とほぼ同数である。男女に学校進学の機会が等しく提供されるようになってきた状況は、教育省管下の一般学校のみではなく、イスラーム総合機構が管轄する宗教学校にもあてはまる。アル＝アズハルのマアハド（以下、マアハド）と名づけられたこれらの学校には、小学校から高校までで男子は約94万名、女子は約79万名が学ぶ（Central Agency for Public Mobilization and Statistics 2018：331,339）。マアハドは一般学校と異なり中学校以上は男女別学をとるが、生徒数の男女比はほぼ等しい。

　マアハドを管理するアル＝アズハルはイスラーム学識者を擁する総合機構であり、宗教見解の発布や宣教活動など広範な宗務に携わる。このアル＝アズハルは西洋に範をとった学校教育が普及する以前から、アズハルモスクを拠点としてイ

スラームの宗教知識を教える伝統的な教育機能を有してきた。そこに19世紀末ごろからは法整備と制度改編が進む。アズハル系統の教育機関は高等教育段階をアズハル大学、中等教育段階をマアハドと区別して学校体系を整理するなど、近代的再編がなされた。もっとも、立憲君主制期（1923-52）にそこで学ぶことができたのは基本的に男子に限られた。アル＝アズハルが女子教育機関を設置する契機となったのは1961年法律第103号（以下、1961年法）の成立である。1961年法はアル＝アズハルを包括的に規定する法的枠組みであり、共和制下の一連のアズハル改革の基本指針と位置づけられる。この法律を受けて、アル＝アズハルは教育部門に初等教育段階を設け、大学に関しては、従来からあった宗教知識の専門学部に加えて一般学部を新設した。一般学校の制度に準じた各種の段階や機関が整備され、多様な学習者を受け入れる体制が整えられた。

　1961年法の成立から間も無く、カイロ県南部のマアディ地区にマアハド・マアディ女子学校（以下、マアハド・マアディ）とアズハル大学女子イスラーム学部（以下、女子学部）が設置された。これが歴史上で初めての正式なアズハル系統の女子教育機関の登場となった。エジプトには、「女子には教育は必要ないというイスラームの伝統的な解釈」があったとされ（泉沢 1993：93）、中等教育段階以降の女子向けのイスラーム学校は一般的ではなかった[2]。1961年法成立後の改革でアル＝アズハルに女子教育機関が登場したことは、エジプトにおける女子教育の歴史として重要な転換点の一つであったといえる[3]。1960年代にアル＝アズハルで女子教育が始まった時期は、ジェンダー研究が「国家フェミニズム」の時代とする区分と重なる。エジプトでは、19世紀末から女性解放運動の関係者らが女性に対して「近代ブルジョア家族という家族組織と、そこで理想とされる夫婦愛や科学的な育児」を期待するようになる（ライラ 2009：483）。さらに、ナーセルらが1952年革命で政治体制を変革すると、政府は女性の家庭での役割は従来通りとしたまま、国家フェミニズムと呼ばれる政策的な女性動員を推進したとされる（Hatem 1992：233）。そして、女性の教育と雇用を国家的目標に据え、「女性を労働者や市民と見なし、国家の発展に女性の社会参加が不可欠だとする考え」を提起した（ライラ 2009：496）。

　それでは、イスラーム教育の場に焦点をあてると、女子向けの教育機関の導入はどのような意義があったのであろうか。アル＝アズハルが女子教育を開始した

背景に何があり、当局は女子がイスラームの宗教知識を学ぶことをどのように意味づけたのか、また、現地の人々はこの新しいイスラーム教育をどう受け止めたのか。これらの問いは関連の先行研究でもほとんど触れられていない。内田 (2019) は1980年代のエジプト農村部で起こったマアハド設置運動を分析し、地域住民が学校の校舎建設を信仰心の発露としながら、学校設置を通じた教育環境の整備自体に関心を持っていた状況を浮かび上がらせた。女子教育機関の登場も、男子中心だった受け入れ方針を改めて女子にイスラームを学ばせるようになったことは、人々が宗教教育にそれまでとは異なる期待や実利を見出したことを示していると考えられる。中でもマアハドは全国の小規模な地方都市や農村まで広く普及しており、当局のみでなく地域住民が求める理念や学習のあり方を鮮明に映し出す対象である。

　上述の問題意識を踏まえ、本研究はマアハド・マアディを研究対象の中心とし、その主要な進学先であったアズハル大学の女子学部も分析の範疇に含めて、エジプトでイスラーム女子教育の制度が形作られていく過程を描く。初めてのマアハド女子学校の設置から学校の普及開始までを制度形成期とし、この時期に女子教育がどのような意図で制度化され、実際にどう運用されたかを考察することが本研究の目的である。そのために、第1節で調査の概要を記述したあと、第2節は公的資料の分析からアル＝アズハルが女子学校を創設した目的について、政治、社会的背景との関わりに注意しながら整理する。加えて、1970年代後半にマアハド女子学校が普及を始めた時、当初の学校の位置づけがいかに変容したかを読み取る。そして第3節では、1960年代にマアハド・マアディで学んだ卒業生への聞き取り調査をもとに、生徒の学習様態を描写する。卒業生の経験を文献資料の記述と照らし合わせつつ、エジプトでアズハル系統の女子教育機関が誕生したことの意味を考える。

1. 調査の概要

　本研究で分析対象とする文献資料は、制度形成期前後に発行された資料集と現地メディアの報道で、全てアラビア語による資料である。まず資料集は、『12年間のアル＝アズハル (al-Azhar fī 12 'Āmma)』(以下、『12年間のアル＝アズハル』

20

またはLMQW）と『アル＝アズハルのマアハド：その発展とヒジュラ暦1393年から1397年の建設における拡大の範囲（al-Ma'āhid al-Azharīya Taṭawwuruhā wa Maday al-Tawassu'u fī Inshāihā min 1393 ilā 1397 H)』（以下、『アル＝アズハルのマアハド』またはIAMAA）を主に分析する。『12年間のアル＝アズハル』は発行年が未記載であるが、「アズハル副総長を議長に結成された『1964年大臣決定第2号問題委員会』が監修した」という記述や収録された統計の年数などから、1960年代前半の編纂と考えられる。この委員会は副総長以外にアズハル関係省副大臣、マアハド管理部門長官、イスラーム研究院というアズハル内部のイスラーム学識者組織の代表者が所属し、アル＝アズハルが女子の受け入れを開始した時期の状況を、当局の見解や公式データに沿って示す一次資料といえる（LMQW n.d.：255）。また、『アル＝アズハルのマアハド』は1978年の発行で、1970年代後半にマアハド女子学校が各地で建設され始めた時期の様子を伝える。この資料もアル＝アズハルのマアハド管理部門が編纂した公的な資料集で、『12年間のアル＝アズハル』と同様に管轄諸機関の紹介や統計を掲載する。

　現地報道はアフバール・エル＝ヨウム刊行の雑誌『アーヘル・サーア（Ākhir Sā'a)』誌、新聞『アフバール（al-Akhbār)』紙、ダール・アル＝ヒラール刊行の雑誌『ヒラール（al-Hilāl)』誌、ルーズ・ユースフ刊行の雑誌『ルーズ・ユースフ（Rūz al-Yūsuf)』誌の記事を用いる。『アフバール』紙はエジプトの「主要3紙」に数えられ、現地の有力日刊紙である。また、『アーヘル・サーア』誌、『ヒラール』誌、『ルーズ・ユースフ』誌も各社の代表的な雑誌として名前があげられ、誌面は政治的内容が多いとされる（El-Bendary 2010：3,31-32,60-61)。いずれの新聞、雑誌も創刊は1952年革命の時期以前まで遡る。なお、エジプトでは、1960年代にナーセル大統領らが報道機関を国有化する施策をとり、上述3社が新聞を発行する際にも、政府権限のもとで行うこととされた（El-Bendary 2010：10)。本研究が扱う各社の記事は、今日でも政府寄りの立場とみなされることが多い。

　聞き取り調査の主要な分析対象は1960年代にマアハド・マアディに入学したAとBの2名とする。AとBは1970年代後半以降、アズハル大学卒業後にマアハド・マアディの教員としても働き、Aは管理職まで務めた。そのため、AとBは制度形成期とその後の拡大期の女子学校での学びを両方経験した人物であるとい

表　聞き取り調査対象者の一覧

調査対象者の略歴		調査実施日
A	1964年マアハド・マアディ高校入学。アズハル大学でイスラーム学を専攻後、1977年よりマアハド・マアディ教員。同校の元管理職。	① 2019年9月2日 ② 2019年9月18日 ③ 2019年9月29日
B	1963年マアハド・マアディ中学校入学。アズハル大学でイスラーム学を専攻後、マアハド・マアディ教員。	② 2019年9月18日
C	1963年マアハド・マアディ中学校入学。アズハル大学でアラビア語学を専攻後、サウジアラビアで教員。	② 2019年9月18日
D	1963年マアハド・マアディ中学校入学。アズハル大学で心理学を専攻後、社会関係省職員。	② 2019年9月18日
E	1976年マアハド・マアディ高校入学。アズハル大学でアラビア語学を専攻後、マアハド・マアディ教員。	④ 2019年8月29日
F	1976年マアハド・アッバーセーヤ女子学校高校入学。アズハル大学のイスラーム学・アラビア語学部を卒業後、マアハド・マアディ教員。同校の前校長。	⑤ 2019年9月16日

※本文中の聞き取り調査の結果に付した文字と数字は表中の対象者と実施日に対応。なお、調査②は全員が一堂に集まるグループインタビュー形式で行った。

える。さらに、本研究はC、D、E、Fの発言も分析対象として、卒業後の進路や学習の時期が異なる関係者の証言を加味することで、AとBの聞き取り資料の分析結果を補完する。CとDはAとBと同じ時期にマアハド・マアディを卒業した同窓生だが、アズハル大学卒業後は教育分野以外や国外での職に就いた。また、EとFは1970年代後半に生徒としてマアハドで過ごし、EはAらと同じマアハドで、Fは他のマアハドで学んだ（表）。調査はマアハド選択の動機や在学時の学校の環境、卒業後に感じるマアハドでの学びの意義等について事前に大まかな質問項目を準備し、それに現地語のアラビア語で自由に答えてもらう半構造化インタビューで行った。

2. イスラーム女子教育の制度形成と位置づけ

（1）アル＝アズハルにおける女子教育機関の設置目的

　1961年法成立後、1962年1月9日に副大統領とアズハル関係省大臣の名で1963

年決定第4号[4]が出され、マアハド女子学校をカイロ県に設置することが正式に決まった。この学校がマアハド・マアディの中学校と高校である。『12年間のアル＝アズハル』によれば、当時女子のためのマアハドの学校体系は3つの教育段階があった。クルアーン暗記部（小学校）が6年間[5]、中学校は4年間、高校は5年間とされた[6]。同資料では、「ムスリマの少女をムスリムの青年男子と同様に、イスラーム世界、アラブ国家への奉仕におけるアル＝アズハルが担う使命のために、養成する」として、その設置目的に以下の7つが設定されていたと伝えている。

1. ムスリマの少女に精神、道徳、身体、理性、民族、社会の面で、健全で包括的な品性を育む
2. ムスリマの少女自身への利益、イスラーム世界とアラブ国家への利益があるように、彼女らの能力、素質、意欲、取り組み、成長を見出す
3. ムスリマの少女に健全なアラブ・イスラームの品性を養うような、宗教とアラブの知識、文化と技術と実践の学習、振舞い方を充分に提供し、彼女がイスラーム自体とその遺産とアラブ文明に奉仕できるようにし、宗教と生活、信念と行為の間につながりを与えることを、クルアーンを読み、覚え、正しく発音し、理解することと同時に行う
4. ムスリマの少女を健全な妻（zawja）、母（umm）、主婦（rabba bayt）にする
5. ムスリマの少女にイスラーム世界およびアラブ国家における統率とリーダーシップの役割を任せるように、人格と実力と精神の面での十分な要素を培う
6. ムスリマの少女にアル＝アズハルが形成する大学教育段階、もしくはそれ以外の同等の教育段階で学習を続けるための素質と能力を与え、養成する
7. ムスリマの少女が人生において彼女の道を開拓し前進するための体験と修養をさせ、養成する

（LMQW n.d.：154-156）

4.では、女子生徒を「健全な妻、母、主婦」に育てる目標が設定された。ま

た、家庭での役割に加え、7.は「人生において彼女の道を開拓し前進する」ような、自立した先駆的人材を育成することも掲げている。当時の政権はアラブ社会主義を標榜し、「ナショナリズムやイスラームと結びついた多義的・折衷的な性格」を持つ国家建設を進めようとしていたとされる（伊能 2002：80-81）。同時に、ナーセル政権はそれまで輸入に頼ってきた工業製品を国産化して産業構造を転換することを計画し、高等教育段階で高度な専門人材を輩出しようとした（Richards 1992：8）。設置目的を確認すると、2.と3.の項目は「イスラーム自体とその遺産」のみでなく「アラブ文明」に役立つ人材の育成を目指すと明記する。そのために、3.はイスラームの学びを人間形成の重要な知識としつつ、アラブ的な知識の習得にも重点を置く。さらに、5.では、マアハド女子学校が生徒に「統率とリーダーシップの役割を任せる」ことを掲げ、6.で「大学教育段階、もしくはそれ以外の同等の教育段階で学習を続けるための素質と能力を与え」る、という項目を設ける。当初のマアハド女子学校は地域共同体の女性指導者層の養成校と位置づけられ、生徒の高等教育段階への進学も目的に含められた。

　雑誌などでは、アル＝アズハルが女子を正式に受け入れるよう求める声が、立憲君主制期から取り上げられていた。そして、女子教育機関の設置が正式に決まると、この出来事は多くの現地メディアで大きく報じられた。1962年10月31日付の『アーヘル・サーア』誌は冒頭で「先週土曜日、ファーティマ朝時代より1000年来のあり方についてアル＝アズハルの形が初めて変わった」としながら、「重大なことはアル＝アズハルの領域に女子が入ることである」と、アル＝アズハルで男子同様に女子の受け入れが始まった意義を強調した。

　同時期の記事は、女子学部に対して校舎の建設費用や学生の生活面、学業面で厚い経済的支援があったと報じている。女子学部の設置は政策的にも重要な事案であったとみられ、当局はこのために充分な予算を配分していたと考えられる[7]。先の『アーヘル・サーア』誌では、政府関係者がインタビューに応え、女子学部で養成を目指す女性像について次のように説明している。すなわち、アズハル関係省大臣ムハンマド・バーヒーは宗教知識が家族や社会に資する知識であるとし、具体的に2つの女性像を示した。1つは家庭での役割と結びつく像である。大臣は「イスラームの諸学習は女子学生に、例えば『妻が夫に接するための方法、つまり彼に対する彼女の生得的な権利』について学ばせ、それを身につけさせる」

とし、宗教知識の習得で学生がより良く妻や母として振舞うことができるように望んだ。

　もう1つは、アラブ社会主義的な文脈での女性指導者の像である。エジプトは1922年に英国による植民地状況から独立したあと、非宗教系の高等教育機関における女子進学率が向上していた（Reid 1990：106）。バーヒーは既存の教育機関を念頭に、「エジプトの諸大学で学ぶ女子は外国において彼女の国を代表して正しい意味で大使のように振舞うことができ」ず、「彼女は外国人の作家はみんな知っているが、アラブの作家を知らない」と批判した。彼の希望はアラブ的な教養を備えて国際的に活躍する女性を輩出することにあった。大臣の回答はマアハド女子学校の設置目的と共通点を持ち、女子大学でも学生は家庭での役割と社会進出の2つの側面での活躍が期待された。

(2) マアハドの拡大と女子教育の位置づけの変容

　上述のように、1961年法成立を契機として、アル＝アズハルは初等教育段階や大学の一般学部を学校種に加えることとなった。並行して、当局は量的拡大に向けて1960年代からマアハド小学校や男子マアハド中学校、高校を相次いで設置した。特に1970年代後半からはアズハル総長が主導して拡大策を推進し、学校数増加はさらに加速する。女子学校についても学校は全国に展開し始め、各地で女子を積極的に受け入れた。各段階の女子学校が置かれた地区は1976/77年度時点でカイロ県だけでも6箇所に増え、全国約50箇所ある中高の計567クラスに23,298名が学んだ（IAMAA 1978：78-81）。マアハド・マアディの開校から10年ほどで、マアハドは地域住民にとって身近なイスラーム女子教育の学校となっていった。

　この時、『アル＝アズハルのマアハド』からは当局が1960年代の制度導入時点とは異なる目的に強調点を置くようになったことが読み取れる。同資料では、従来のマアハド女子学校はカイロのマアディ地区にしかなかったが、「すべてのムスリムが娘を宗教の教育で育てることを望むために」、住民自らが学校設置費用を負担してまでマアハドの設置に取り組んでいるとする。それから、マアハド女子学校が各地に普及する意義を次のように記した。

25

これはイスラームの教義への魂の影響、アル＝アズハルへの心の中の愛、エジプトが国の娘を宗教と徳と知識を広げる最良の母にすることを切望することを守り続けていることを示しているに他ならず、ムスリマの女性たちを以前の英雄たちの母、傑出した男子を産む時代へと戻すほどに、民衆の娘たちにイスラーム的な品性を育むのである。

（IAMAA 1978：78-79）

　ここでは、マアハド女子学校は民衆教育の場としての位置づけが明示されるようになっている。女子に教育機会を提供する意義は、1960年代のようなアラブ社会主義的な意味合いで語られなくなり、『12年間のアル＝アズハル』で言及された「ムスリムの青年男子と同様」の女性の社会進出といった文言も用いられなくなった。その反面、妻や母としての役割は期待され続けた。「英雄たちの母、傑出した男子を産む時代へと戻す」と、復古的な表現でイスラーム女子教育の意義が記され、「最良の母」の育成が目指されるとした。

3. イスラーム女子教育制度の運用実態

　1964年にアズハル関係省が発行した資料集によれば、資料刊行時点でマアハド・マアディは320名の生徒を受け入れ、合計10クラス中の3クラスが高校、7クラスが中学校であった（Wizāra al-Awqāf wa Shi'ūn al-Azhar 1964：532）。また、生徒の受け入れ条件について、『12年間のアル＝アズハル』では、「男子のためのマアハド・モデル学校と同様」[8] と説明した。中学校の進学希望者はマアハド・モデル学校の小学校の修了証書を持つか、そうでない場合は入学試験を行い、1. ムスリマである、2. 面接とクルアーンの試験に合格する、という条件を満たす、12歳から14歳の女子を受け入れるとした（LMQW n.d.：154, 157）。

　Aは1964年にマアハド・マアディの高校へ入学した。Aの家族の故郷には、女性がクルアーンを学ぶ教育機関はなく、母はイスラーム学識者の妻から個人教授を受けて宗教知識を学んだ（A,③）。Aもはじめ一般中学校に通い、マアハド・マアディの開校を機にマアハドへの進学を決めた。父はAに、マアハドに入学すれば「姉妹の中で本当の一番になることができる」と諭した。父はAが宗教

知識を学び、家族にイスラーム的視点から助言ができることを望んだという。Aの家族はマアハドでの宗教的な学びが、家族内での問題解決に資する人物を育てると考えた。同時に、Aは父から「そこでは、家事や服作りを学べ、スポーツがあり、軍事訓練もある」とも説得された（A,①）。生徒側にとって、マアハドへの進学動機は宗教的な理由に加えて、一般学校で学ぶ内容を修得可能であることにも魅力があった。

　1960年代のマアハド・マアディでは、生徒たちに家庭での役割が期待されつつ、男子と同等の学力の養成が目指された。Bはある女性教員の指導をあげ、「その教員のおかげで私たちは女性として、台所に入っておいしい料理を作ることが好きになった」と家事の方法を丁寧に学んだと記憶する（B,②）。ただし、カリキュラム上は女子向けに特化した内容は限定的であった。『12年間のアル＝アズハル』には、中学校でイスラームの宗教知識として、クルアーン（暗記と読誦）、啓典解釈学、神学、預言者ムハンマドの伝記と言行録および徳育、イスラーム法学、読誦法、作文、語法、2種類のアラビア語文法、書き取りと書道という科目が並ぶ。また、一般科目は、一般科学と健康、数学、芸術教育、社会科、英語、体育、女子教育[9]があった。教育内容は男子のモデル学校とほぼ同じである。違いは男子の学校は女子教育がなく、軽作業と農業教育が教えられた（LMQW n.d.：153,156-157）。制度の導入時点で提示されたこの方針は今日まで変わらず、マアハドの教育内容は男女の区別が少ない。

　Aが生徒だったころの教員は自身が教員となった時と比べて質が高く、その優秀さは「一流以上であった」という（A,①）。報道でも、初期のアル＝アズハルの女子教育機関に高い能力や人格を備えた人材が配置されたと記されている。例えば、1965年12月13日付の『ルーズ・ユースフ』誌には、当時の女子学部の学部長の資質について、「女子たちは学部長を尊敬しており、彼女を愛し母のように考えている」とある。この時、教員の人事は女性教員の採用を重視した。1962年10月31日付の『アーヘル・サーア』誌は学部の設置主任の話として、女子学部の教員採用は「できる限り女性が配属されるようにして」おり、当時社会的に活躍していた複数の女性有識者に協力を要請していると報じる。しかし、能力と性別の条件を満たす教員の確保は難航した。立憲君主制期は女子向けのイスラーム教育機関は一般的ではなかった。アズハル系統の教育機関は宗教知識の学習に

重点を置くが、女性イスラーム学識者の採用は難しかった。同記事は試験担当者
の話として、女子学部の宗教教育は男性中心の伝統的な宗教系の学部から教員た
ちを派遣して支援する、と伝える。実際にマアハド・マアディでも初代校長は数
学の女性教員が務めたが、宗教知識の授業はアル＝アズハルから男性イスラーム
学識者が派遣され、一般科目を中心に女性教員が配置された。Aによれば、当初
の教員は男性が65％、女性が35％の割合であったという（A,③）。

　1965年12月13日付の『ルーズ・ユースフ』誌は、女子学部から医師や通訳と
いった様々な人材が輩出されると報じた。しかし、1964年にアズハル大学が発
行した資料集によると、当時の女子学部の専門領域はイスラーム学、アラビア語
学、社会学、商学の4種類で、学生の専門は選択肢が限られた。しかも、このう
ち学部1年生の専門の内訳はイスラーム学31名、アラビア語学20名、社会学20名、
商学51名であり、イスラーム学とアラビア語学という宗教知識を専門に学ぶ学
生が約半数を占めた（Jāmi'a al-Azhar 1964：155-156, 219）。ところが、当時の
エジプト社会には、女性が宗務の職に就く機会はほとんどなかった（B,②）。代
わって、宗教系の専攻を選んだ女子学生にとって、教員が有力な職の一つになっ
た。AとBも女子学部でイスラーム学を学び、マアハド・マアディの教員となった。

　教員となったあと、AとBが感じたマアハドの変化は大きく2つある。1つは
服装のイスラーム化であり、もう1つは学校の生徒数増加である。まず、前者に
ついて、1960年代はスカーフを被る生徒は珍しかった。当時は社会でのスカー
フ着用者が少なく、学校でも一部教員のみがスカーフを被った。それが80年代
ごろから徐々に生徒のスカーフ着用者も増え、後に校則化されるようになったと
いう（B,②、A,③、F,⑤）。また、後者はマアハド・マアディにおいても多くの
生徒を受け入れるようになり、良好な学習環境の維持が困難になっていたことに
つながる。Aが77年に母校へ赴任した時、そこは「多数の生徒がいて、（制服の）
茶色と青色で学校が染まるほど」だった（A,①）。校舎は劣化し、学力が一定水
準に満たない生徒や指導力に不安のある教員も集まるようになった（A,①、B,
②）。AとBが経験した変化は、一方では、宗教的なモチーフの表面化が外部者
に宗教的アイデンティティの高揚を印象づける。他方、1960年代に学んだ卒業
生は、自分たちが教員として教えた後輩世代は、宗教知識の学習も含めて学びの
質が低くなったように感じた（A,①、B・D,②）。

Zeghalは1960年代からの学校規模の拡大と1970年代以降の生徒数の急増を関連づけて、一部の生徒は一般学校卒業時の成績が希望進学先への入学条件に達しないために、消去法的にアズハル系統の学校を選んでいたと指摘する。それらの生徒は、「アル＝アズハルのマアハドや近代的な学部の経路を通じて、近代的な専門職に就くことがゆるされるようになった」と評される（Zeghal 1999：378）。Bもマアハド女子学校を多くの生徒が支持する理由を、「宗教が好きか、生徒の成績が芳しくないから」と考える（B,②）。聞き取り調査では、家族や本人の信仰心を学校選択の動機とする声が全対象者から聞かれた。同時に、特に拡大期のマアハド卒業生の周囲には、進学や就職を見据え、戦略的にマアハドを選ぶ生徒も少なくなかったという（E,④、F,⑤）。Bはマアハド女子学校の増加による教育機会の拡大を肯定的に捉えたが、「（各地に建てられた学校が）私たちが入学したころのようなかつてのあり方のままであれば、今頃さらに効果を発揮していたでしょう」とも述べ、学習の質を維持することができないままマアハドの普及が進んだことに、複雑な感情を示した（B,②）。

　ただし、制度形成期から拡大期に至ってマアハドの位置づけや教育環境が変容していく過程にあっても、アズハル系統の教育機関が現実に女子の大学進学や社会進出を促し続けた意義は大きい。中でも教職はアル＝アズハルでイスラームを学んだ女性が社会で働く機会を広げたことを象徴的に示す領域である。1970年代になると、マアハド女子学校では、宗教的な科目であっても、AやBのようなアズハル出身の女性教員が指導にあたるようになった（A,③、F,⑤）。さらにいえば、確かに初期卒業生からみると学校拡大の方針は学習の質低下と認識される側面もあるが、マアハド女子学校の全国展開は宗教知識を専門に修めた女性を求める場が、各地域社会に現れるようになったことを意味する。1980年代以降、EやFらが就職を考えた時期に学校拡大はさらに進み、2000/2001年時点でマアハド女子学校は中学校と高校を合わせて約1,300校に達した（Yasin 2010：280）。AとBの後輩世代にとっても教員は重要な職業の選択肢であり続け、職場はエジプト各地に広がった。

おわりに

　アル＝アズハルの女子教育はイスラームの学びが後進的なものではなく、時代の変化に即した柔軟なものであるとして、エジプト社会に紹介された。そこでは、男女が同様の内容を学ぶ点が重視され、女子にも宗教知識を学ぶ権利があることが強調された。1960年代にアズハルで女子教育を受けた生徒や学生は、卒業後に家庭で求められる役割を果たすこととともに、アラブ国家やイスラーム世界で活躍することが期待された。宗教知識に関する学びはアラブ社会主義的なイデオロギーの特徴が組み合わせられ、エジプトのジェンダー研究で指摘されるような、よき母、妻、主婦かつ社会指導者となる素地としてみなされた。それが1970年代後半には、当局発行の資料はマアハド女子学校の存在意義を民衆教育の場と位置づけるようになる。制度の本格的な運用が開始されると、マアハド・マアディも受け入れ生徒数を増やし、同系統の学校が各地に設置された。この時期は政権がアラブ社会主義から脱却する過渡期でもあり、学校の教育目的からはアラブ国家の女性指導者を養成するといった表現は消えて、イスラームの知識を持つ母の育成に重点が置かれるようになった。

　卒業生の経験の分析から分かるマアハド・マアディの実態は、文献資料に描かれる学校の設置目的と対応していた。1960年代のマアハド・マアディでみられた進学の動機、教育内容、教員人事からは、学習者に家庭での役割と指導的な人材にふさわしい能力の両方を求めるという、当時の理想的な人材養成に向けた環境整備の様子がうかがえる。しかし、1970年代後半以降、AとBは教員という立場でこの教育機関の変容を経験する。服装面で信仰心の高まりがみられるようになる反面、卒業生は学校の規模が大きくなることと引き換えに学習の質自体は低下したように感じた。マアハドが政治的方針や社会的要請を反映して柔軟に変容していくことは、当事者に葛藤ももたらした。

　とはいえ、AやBの経験や問題意識そのものが、アル＝アズハルの教育機関が当局の意図を超えて女子の社会進出を押し進めたことを指し示す。教員という職はその意義が顕著に浮かぶ一例である。Aの母の世代、立憲君主制期に女子のためのイスラーム教育の専門的な教育機関はなかった。アル＝アズハルでも女子教育機関の開設時、女性教員の採用は制約があった。そのため、マアハド・マアデ

ィやアズハル大学の女子学部が設置された時、既存の宗教機構や教育機関と連携しながら教育環境の充実が図られた。それが設置から10年ほどの間に、アズハル系統の女子教育機関は教員の再生産機能を備え、宗教知識であっても女性教員が指導することができる体制を整えた。マアハド女子学校の拡大に合わせて卒業生は活躍の場を広げ、各地でマアハドやアズハル大学での学びを活かして働いた。

　本研究では、アル＝アズハルで女子教育が始まってから拡大開始までの時期に学んだ世代を研究対象の中心にした。AとBを第1世代とした時、EやFのように1970年代後半以後にマアハドに入学した第2世代は、制度の本格的な運用でより幅広い社会階層や地域から生徒が集まるようになった世代である。人数は多く、大学の専門も充実して、卒業生は多方面への進出が進んだ。第2世代以降の卒業生は拡大期のイスラーム教育をどう捉え、そこでの経験をいかに卒業後の生活に結びつけたのか。これらの残された問いは、1961年法以後の改革でアズハル系統の教育機関が普及し、近代的イスラーム学校が大衆化の時代を迎え、一般の様々な人々がイスラームの専門的な知識を学ぶようになったことの意味を考察する上でも重要な研究課題となる。

【注】
1）世界銀行オープンデータ https://www.worldbank.org/（2020年2月27日閲覧）。
2）歴史的には、女性イスラーム学識者も一部存在した（1999年12月付『ヒラール』誌等）。
3）アル＝アズハルに先行して、1953年にカイロ大学でもイスラームの宗教知識専門の学部に女子学生を受け入れ始めた事例がある（Reid 1990：105）。それでも、マアハドやアズハル大学の体系だった近代的イスラーム学校としての特徴と、そこに関わる教職員数、生徒数の多さを鑑みた時、アル＝アズハルが女子教育を正式に開始したことの歴史的意義は大きい。
4）資料集の表記を直接訳出した。ただ、法律成立日は1962年とあり、正しい名称は「1962年決定第4号」の可能性もある（Wizāra al-Awqāf wa Shi'ūn al-Azhar 1964：533-534）。
5）マアハド・マアディに当初小学校はなく、中学校と高校が設置されていた。
6）マアハドの修業年限はその後短縮され、現在は中学校、高校ともに3年間である。
7）1966年6月9日付の『アフバール』紙は新校舎の建設費用として海外から多額の寄付金が寄せられたことや、学生個人に制服購入の補助金、通学の無料バス等があったと伝える。
8）モデル学校は「アル＝アズハルのマアハドに適用する制度、カリキュラム、計画の効果の確認を得ることを目的とした教育の実験分野」とされた（LMQW n.d.：151-152）。当初のマアハド・マアディは、当局が先進的な教育のあり方を試行する学校でもあったといえる。
9）Aは女子生徒のみの特別な授業を指して家庭科と呼んでおり、女子教育の授業は家庭科のように裁縫や料理などが教授されていたと考えられる（A,①）。

【引用・参考文献】
1 ）泉沢久美子（1993）「第5章教育と女性」『エジプト社会における女性—文献サーベイ』アジア経済研究所. pp.93-106.
2 ）伊能武次（2002）「アラブ社会主義」大塚和夫他編著『岩波イスラーム辞典』岩波書店. pp.80-81.
3 ）内田直義（2019）「20世紀後半エジプトにおける農村部への近代的イスラーム学校の拡大—住民の『自助努力』による学校設置過程に着目して」『比較教育学研究』59, pp.23-45.
4 ）ライラ・アブー＝ルゴド（2009）「第7章エジプトにおけるフェミニズムとイスラーム主義の蜜月—ポストコロニアルな文化ポリティクスとしての選択的拒絶」ライラ・アブー＝ルゴド編著『「女性をつくりかえる」という思想—中東におけるフェミニズムと近代性』後藤絵美他訳、明石書店. pp.458-510.
5 ）Central Agency for Public Mobilization and Statistics（2018）*Statistical Yearbook 2018*, Central Agency for Public Mobilization and Statistics.
6 ）El-Bendary, M.（2010）*The Egyptian Press and Coverage of Local and International Events*, Lexington Books.
7 ）Hatem, M. F.（1992）Economic and Political Liberation in Egypt and the Demise of State Feminism. *International Journal of Middle East Studies*, 24（2）, 231-251.
8 ）al-Idāra al-'Āmma li-l-Ma'āhid al-Azharīya fī al-Azhar（1978）*al-Ma'āhid al-Azharīya Taṭawwuruhā wa Maday al-Tawassu'u fī Inshāihā min 1393 ilā 1397 H*, al-Maṭba'a al-Azhar.
9 ）Jāmi'a al-Azhar（1964）*Taqwīm Jāmi'a al-Azhar*, Dār wa Maṭābi'u al-Sha'b.
10）Lajna Mushkila bi-l-Qarār al- Wizārī Raqm 2 li-Sana 1964（n.d.）*al-Azhar fī 12 'Āmma*.
11）Reid, D. M.（1990）*Cairo University and the Making of Modern Egypt*, Cambridge University Press.
12）Richards, A.（1992）[Working Papers] Higher Education in Egypt. The World Bank.
13）Wizāra al-Awqāf wa Shi'ūn al-Azhar（1964）*al-Azhar Tārīkhuhu wa Taṭawwuruhu*, Dār wa Maṭābi'u al-Sha'b.
14）Yasin, D.（2010）*al-Ta'līm al-Azharī qabla al-Jāmi'ī bayna al-Māḍī wa al-Ḥāḍir*, Dār al-Fikr al-'Arabī.
15）Zeghal, M.（1999）Religion and Politics in Egypt：The Ulema of al-Azhar, Radical Islam, and the State（1952-94）, *International Journal of Middle East Studies*, 31（3）, 371-399.

ABSTRACT

The Implementation of the al-Azhar Women's Islamic Schooling System in Egypt

Naoyoshi Uchida

(Graduate student, Nagoya University)

<Keywords: women's education / education reform / religious education / Islam / Egypt>

The main purpose of this study is to examine the social and political concepts that led to the implementation of the Ma'had girls' schooling system and to describe the process by which the new Islamic educational system for women was constructed.

Nowadays the Ma'had (which is managed by the comprehensive Islamic organization al-Azhar) has become a part of Egypt's significant national network of educational institutions, regardless of gender. The current number of students in these schools has reached approximately 1,730,000 just from primary to secondary levels, wherein girls account for 46% of the schools' enrollment. Historically, however, female students could not enter these al-Azhar schools.

After Nasser overthrew the constitutional monarchy in 1952, the regime continued the policy of increasing school enrollment. This expansion concerned not only the field of general education but also the Islamic education system. In 1961, the Nasser regime enacted Law No. 103, which pressured al-Azhar to reform, for instance, by adding new courses in their al-Azhar university and Ma'had schools. In the context of the expansion policy, al-Azhar decided to allow women into their own institutions.

The first half of this paper investigates the social and political aims that led al-Azhar to enter the field of women's education, by analyzing periodicals and official publications issued in the 1960s-70s. Then, the latter half of this paper focuses on the experiences of students who graduated from al-Azhar's first girls' school (named Maadi Girls' Ma'had), based on alumnae interviews.

The findings are as follows:

1) In the 1960s, the beginning of religious education for women was celebrated as a sign of progress from backwardness, in the general context of State Feminism and Arab Socialism. As a consequence, the media displayed expectations that the schools would train girls to become good mothers and wives for their family. In addition, they would educate the region's future women leaders. However, these kinds of discourse faded away in the 1970s. Then, the publications stopped approaching the Ma'had girls' school from an elitist perspective and emphasized the value of mass education using Islamic rationalistic terminology, as the number of schools and students increased.

2) The alumnae described the ways in which the political policy and social demands were achieved through the pedagogy, curriculum, and environment of the Maadi Girls' Ma'had and mentioned their own careers and achievements. At the same time, they felt torn that their old school's image of high-quality education could not be maintained in the context of the influx of students. Several respondents, who had returned to the school as teachers, unfavorably compared it to their student days.

This research reveals how al-Azhar Women's education promoted the new women's social participation, such as producing women teachers of Islam. However, in order to evaluate the benefits of the 1961 mass education reform, it is necessary to consider the thoughts and experiences of the next generation, who graduated from Ma'had schools after the late 1970s, in further research.

スウェーデンにおける社会民主主義的キャリアガイダンスと学習社会 —個人の生涯学習を促すキャリアガイダンスと専門家に求められる力—

森田 佐知子
（高知大学）

〈キーワード：キャリアガイダンス／キャリア支援／スウェーデン／社会民主主義／学習社会〉

1. 問題意識と研究の目的

　1990年代以降、経済のグローバル化に伴う厳しい競争により、日本においても「キャリア」の概念が変容してきた。宮島（2012）はこのことについて「組織および個人双方に自律的キャリアが要請されるような状況」としたうえで、自律的キャリアに関する先行研究が共通して示唆することの一つとして、キャリアにおける能動的な学習が重視されることを挙げた。

　キャリアの概念の変容は、教育機関におけるキャリア支援の在り方にも変革を求めている。例えば中央教育審議会（2011）は「学びたい者が、いつでも、職業に必要な知識・技術等を学び直したり、さらに深く学んだりすることにより、職業に必要な能力の向上や職業の変更等が可能となるよう、生涯学習の観点に立ち、キャリア形成支援の充実を図ることが必要である」と指摘した。また、経済産業省産業人材政策室（2018）は提唱した「人生100年時代の社会人基礎力」の中で、これまでの「前に踏み出す力」、「考え抜く力」、「チームで働く力」（3つの能力、12の能力要素）に加え、「何を学ぶか」、「どのように学ぶか」、「どう活躍するか」という学習に関連した新たな視点を加えた。

　では教育機関においてキャリア支援を担う専門人材（キャリア・カウンセラー、キャリアガイダンスの講師、正課のキャリア教育を担う教員等、以下、「キャリ

ア支援専門家」と略）は、クライアントである個人（教育機関の場合は学生）を「生涯学習者」として捉え直した時、彼らのキャリア形成における生涯学習をどのように促していけばよいのか、またその際に、キャリア支援専門家に求められる知識、能力、スキルとはどのようなものだろうか。

　そこで本稿では、スウェーデンの事例をもとに上に述べた2つの課題を明らかにすることを目的としたい。スウェーデンに注目する理由は2つある。1点目は、スウェーデンを含む北欧諸国の人々の生涯学習参加率の高さである[1]。2点目は、北欧の中でスウェーデンは唯一、キャリア支援専門家を養成する学士課程プログラムを擁することである。社会システムが異なる日本とスウェーデンを単純に比較することは困難であるが、世界トップクラスの生涯学習参加率と、キャリア支援の専門学士を育てあげる人材育成力を持つスウェーデンの事例に注目することは、過渡期にある日本のキャリア支援、そしてそれを担うキャリア支援専門家の能力開発を再考する上で意義があると考えられる。

　本稿ではまず、スウェーデンのキャリアガイダンスが、教育改革の中で「教師ベースモデル」から「社会民主主義的キャリアガイダンス」へと移行した経緯を説明する。次に、スウェーデンにおける「学習社会」発展の文脈から、「社会民主主義的キャリアガイダンス」において、キャリア支援専門家がクライアントである個人の生涯学習を促すプロセスを、文献に基づいて論じる。最後に、筆者が2018年と2019年に実施したスウェーデンでのヒアリング調査の結果から文献考察の結果を検証するとともに、個人の生涯学習促進の観点において、キャリア支援専門家に求められる役割と、具体的な知識、能力、スキルを考察する。

　なお、本稿においてはスウェーデンにおけるキャリアカウンセリング、キャリア教育、キャリアコンサルティング等、すべてを含めて「キャリアガイダンス[2]」と表記する。キャリアガイダンスという表現は、特に欧州で広い意味でのキャリア支援全般を一括して表す言葉として最も頻繁に使われる言葉であり、政府系機関の報告書やOECDなどの報告書でもこの傾向がみられる。下村（2020）はこのことについて、欧州においてはいわゆるキャリアカウンセリング以外の様々な要素をすべて取り込んだキャリア支援全般の体制やあり方を論じる傾向が強いため、と指摘しているが、本研究の調査対象であるスウェーデンにおいてもこの傾向があるため、本稿においても「キャリアガイダンス」という表現を採用するこ

ととする。

2. スウェーデンの教育機関におけるキャリアガイダンスの展開

　スウェーデンはキャリアガイダンスにおける長い歴史を持つが、第二次世界大戦後の教育改革に並行する形で、学校におけるキャリアガイダンスも大きく変化してきた。最初の大きな変化は1949年に「careers teachers（スウェーデン語ではyrkesvalslärare[3)]）」と呼ばれるキャリア支援専門家が義務教育に配置されたことであろう。Watts（1981）によればcareers teachersは、国家労働市場委員会が提供する1年間のトレーニングを受けた後、通常の教師としての授業（少なくとも週4時間以上）に加えて「study and vocational orientation（スウェーデン語ではStudie- och yrkesorientering、以下「SYO」と略)）」といういわゆるキャリア教育を担当していた。

　一方、高等学校では当時、各学校はcareers teachersを配置しておらず、国家労働市場委員会からきたキャリア・アドバイザーが限られた範囲でキャリア教育を提供していた。しかし、1970年に普通科高等学校、専門学校、職業学校がまとめられ、後期中等教育における理論的・職業的教育が統合された（OECD, 1998）と同時に、学校の中に独自のキャリア支援専門家を配置することへの注目が高まった。この時、高等学校では、これまでのように国家労働市場委員会からキャリア・アドバイザーを派遣してもらう方法ではなく、またcareers teachersでもなく、新たに「SYOカウンセラー」という専門家を作り、生徒のキャリア支援を実施することとした。SYOカウンセラーの設置は、スウェーデンのキャリアガイダンスにおける質的な変化にも繋がった。それはPlant（2006）が指摘する「教師ベースモデルの放棄」である。スウェーデンはこのとき、北欧におけるキャリアガイダンスの伝統的な形であった、教師が、教師としての立場を維持しつつキャリアガイダンスを行うというモデルから脱却し、新たなモデルへの転換を図ったのである。

　ではどのようなモデルに転換を図ったのか。Lindh & Dahlin（2000）は、この頃からスウェーデンの学校におけるキャリアガイダンスは、社会学的・社会心理学的理論の影響を強く受けるようになったと指摘する。実際にスウェーデンガイ

ダンスカウンセラー協会（SAGC）が制定しているカウンセラーの倫理的ガイドラインも、ガイドライン制定の前提として「多くの場合、（キャリア）カウンセリングのターゲットグループは何らかの形で脆弱な個人を含む」とした上で、下記のように述べている。

"すべての人間の平等な価値が、すべてのカウンセリングの土台を形つくるべきです。カウンセラーは、すべての人間のユニークで平等な価値を尊重します。正義と平等な対応を推進し、あらゆる形態の差別に対抗します。"

ガイドライン自体は、Profession、Individual、Societyの3つのカテゴリに分かれており、Professionのパートには、カウンセラーのクライアントに向き合う姿勢や自己研鑽について定められている。Individualのパートにはクライアントとの信頼関係の構築、個人の尊重、守秘義務等が記載されている。これらの内容は日本を含める他国にも見られる内容であるが、Societyのパートには「カウンセラーは社会的不正を取り上げ、その個人の代理としてあらゆる努力をします」と記載されている。このようにスウェーデンは、全国的なキャリア支援専門家の団体であるSAGCのガイドラインに社会学的・社会心理学的思想を反映した内容を明記することで、専門家たちの社会における立ち位置を明確にしており、Watts, Guichard, Plant, & Rodriguez（1994）はキャリアガイダンスにおけるこうした目標はスウェーデン独特のものであると指摘している。

3. スウェーデンにおける「社会民主主義的キャリアガイダンス」と「学習社会」との関連

スウェーデンがキャリアガイダンスの方針を、「教師ベースモデル」から「社会民主主義的スウェーデンスタイル（Watts, 1981）」に移行したのは1970年代からであるが、Watts（1981）はcareers teachersからSYOカウンセラーへの移行について、2つの専門家に対する十分な評価が行われないまま、公共支出の削減という点に焦点があたったことを指摘している[4]。しかしこの新システムへの移行が、社会保障のコンセプトを持った声明（Regeringens Proposition 1971：34）を付随していた点については高く評価している。通常キャリアガイダンスは

教育と労働市場、そして個人と社会という2つの重要な境界を越えて機能するが、これらの境界の両側のバランスは等しいものではなく、キャリアガイダンスが及ぶ範囲を限定する。しかし、社会民主主義的スウェーデンスタイルにおいては、平等主義と自由主義をゴールとして、キャリアガイダンスが境界を越え、ダイナミックな役割を果たす機会が増える。この社会民主主義的キャリアガイダンスは近年、他の欧米諸国においても「Career Guidance for Social Justice（社会正義のためのキャリア支援（下村，2020））」として注目される領域となっている。下村（2020）は、この社会正義のためのキャリア支援において、キャリア支援専門家に求められる3つの実践として、（深い意味での）カウンセリング、エンパワメント、アドボカシーを挙げている。下村（2020）によれば、まずベースとなるカウンセリングがあり、次に個人を対象とした支援としてエンパワメント（クライアントが自分で問題解決を行えるように、いろいろな手段により多くアクセスできるようにする）があり、最後にキャリア支援専門家が、個人以外のシステム（組織・環境等）に働きかけるアドボカシーがあるという。

　しかしここで、本研究が着目している、個人、つまりクライアントの生涯学習の促進、に立ち返ると、このスウェーデンにおける社会民主主義的キャリアガイダンスの展開は、スウェーデンの学習社会の発展とどう関連づいているのだろうか。

　伊藤（1995）は、1980年代以降のスウェーデンの「学習社会」におけるメリトクラティックな側面の増大を指摘しつつも、もう一つの側面である平等主義の理想は、今も厳然とスウェーデンで生き続けていると述べた。さらに太田（2011）は「スウェーデンの人々の学習を支えてきたのは、学ぶことによって自らが対峙する生活課題の根源を理解し、それを社会的な問題と結びつけ、その変革を目指す思想である」と指摘している。

　つまり、「社会正義のためのキャリア支援」においては、キャリア支援専門家はしばしば、クライアントに変わって主役になり（下村，2020）、社会変革の担い手として組織や環境に提言していく。しかし、個人の生涯学習の促進という観点に限れば、社会民主主義的キャリアガイダンスにおける社会変革の担い手はあくまでもクライアントであり、キャリア支援専門家は、クライアント自身が自分の課題を社会的問題と結び付けてその変革を目指すまでの支援を行う、というプ

ロセスが仮定できる。

4. 現地調査

　以上、文献考察から、「社会民主主義的キャリアガイダンス」において、キャリア支援専門家が、個人（クライアント）の生涯学習を促すプロセスが示唆された。しかし、そのための具体的な実践方法や、キャリア支援専門家に求められる知識、能力、スキルの詳細については文献資料が十分ではない。

　そこで、本研究では、2018年9月と2019年8月に、スウェーデンのキャリア支援専門家へのヒアリング調査を行った。ヒアリングを行った日程及び専門家は表1の通りである。

表1　本研究におけるヒアリング調査機関及び対応者

日程		機関名	対応者
2018年	9月3日	ユーロガイダンススウェーデン支部	インターナショナルアドバイザー
	9月4日	ストックホルム商科大学	Career Management　マネージャー（他1名）
		ウプサラ大学	UU Careers キャリアカウンセラー（他1名）
	9月5日	ストックホルム大学	Student Service Unit キャリアアドバイザー
2019年	8月26日	ウメオ大学	Degree of Bachelor of Arts in Study and Career Guidance プログラムコーディネーター（他1名）
			Student Services コーディネーター（他2名）
	8月29日	ストックホルム大学	Degree of Bachelor of Arts in Study and Career Guidance プログラムマネージャー
	Eメールによるやり取り	マルメ大学	Degree of Bachelor of Arts in Study and Career Guidance 講師

　ヒアリングは1つの訪問先あたり約2時間かけて実施した。ヒアリング対象者にはあらかじめ、本研究の趣旨と当日質問したい内容をEメールにて説明しておき、当日はヒアリング対象者の回答によって、それぞれの項目に関してさらに深い質問をしていった。またヒアリングの内容は、ヒアリング対象者の承諾のもと録音された。すべての対象者は、ヒアリングの内容が学会発表や学術論文として公開されることを承諾した。

4.1　スウェーデンにおけるキャリア支援専門家養成カリキュラムの現状

　スウェーデンでは、ウメオ大学、ストックホルム大学、マルメ大学においてキャリア支援専門家を養成する学士課程プログラム（Degree of Bachelor of Arts in Study and Career Guidance、スウェーデン語ではStudie- och yrkesvägledarexamen）が提供されており、通常、大学以外の教育機関や公共機関で雇用されるキャリア支援専門家は、本学位を取得した者であることが多い。この学士課程プログラムには3つの大学の通学・通信コース合わせて毎年220名ほどの学生が入学する。

　高等教育の学位取得要件に係る条例には、学位取得要件に加えて、学生が習得すべき知識と能力、そしてスキルがそれぞれ定められているが、プログラムの中の各コースの内容（科目構成とその内容）は、それぞれの大学により異なる。ヒアリング調査でそれぞれの大学のプログラム担当者より入手した2020年度のカリキュラム（ヒアリング当時の計画）を表2に示す。

　このカリキュラムから、スウェーデンのキャリア支援専門家の育成においては、先行研究で述べられていた社会民主主義的キャリアガイダンスの特徴的概念、すなわち、教育と労働市場、そして個人と社会、についてバランスよく教授する内容となっていることが分かる。

　また、Lindh & Dahlin（2000）によれば、すでに1960年代半ばより、この学士課程プログラムでは社会理論に焦点を当てた教育が行われていたが、ウメオ大学のプログラムマネージャーへによると、現在も、キャリアガイダンスの学士課程プログラムにおける学位要件には「関連する専門的、社会的、倫理的側面、中でも特に人権を考慮した十分な情報に基づいて、study and careerガイダンスの分野において評価を行う能力」を身につけることが定められており、これらのプログラムはいまなお「社会民主主義的キャリアガイダンス」を教育目標の一つとしていることが明らかとなった。

　特に、ウメオ大学は、2年次の「社会的、文化的視点から見たキャリア開発」に22.5 Creditsを取っており、社会民主主義的キャリアガイダンスの文脈を色濃く反映したカリキュラムとなっている。ウメオ大学のプログラムマネージャーによると、「社会的、文化的視点から見たキャリア開発」は2020年度から新設予定コースで、昨今のスウェーデン社会における移民の増加や多様性に対応するために設置するコースであるとのことであった。

　また、スウェーデンのプログラムには、実際の教育機関や公共機関、企業等での実習が必ず含まれる。プログラムマネージャーによれば、学生は、実習を通じ

表2　3つの大学におけるキャリア支援専門家養成カリキュラム

大学名	履修年次	コース	Credits
ウメオ大学	1年次	study & career ガイダンスの基礎	15
		政治学	15
		マクロ経済学と労働市場	7.5
		study & career ガイダンスの科学的視点	7.5
		トレーニングと労働市場	7.5
		コミュニケーションと教育	7.5
	2年次	行動科学	5
		教育システム	5
		義務教育における指導の理論、モデル、方法（実習含む）	20
		グループカウンセリング	7.5
		社会的、文化的視点から見たキャリア開発	22.5
	3年次	仕事と学習	7.5
		特別支援教育	7.5
		キャリアセオリーガイダンス	7.5
		科学的理論と方法	7.5
		実習（主に学校だが他の機関でも行う）	15
		学位プロジェクト	15
		合計	180
ストックホルム大学	1年次	学習の基礎とキャリアガイダンス、教育、ビジネス	7.5
		学習とキャリア選択に関する社会学的視点	7.5
		キャリア開発に関する心理学的視点	7.5
		学習と変化に関する教育的観点	7.5
		専門的な対話によるガイダンスプロセス	7.5
		科学的理論と方法 I	7.5
		教育政策及び教育システム	7.5
		労働生活と労働市場の変化	7.5
	2年次	教育と仕事の関係	7.5
		キャリアガイダンスの理論、方法と実践 I	15
		組織と専門性、スキルの供給	7.5
		科学的理論と方法 II	7.5
		多様性、移住とモビリティ	7.5
		反社会的機能とキャリア選択	7.5
		職業生活、健康と変化	7.5
	3年次	キャリアガイダンスの理論、方法と実践 II	15
		プロジェクト開発	7.5
		科学的理論と方法III	7.5
		学位プロジェクト	15
		キャリアガイダンスの理論、方法、実践（実習を含む）	15
		合計	180
マルメ大学	1年次	イントロダクションとコミュニケーション	15
		個人と社会	15
		変化する個人の性質	15
		ガイダンスの基本	15
	2年次	発達と学びの視点から見たキャリアガイダンス	15
		労働生活と社会	15
		転職・リハビリテーションにおけるカウンセリング	15
		研究方法と研究概要	7.5
		論文	7.5
	3年次	リーダーシップと変革	7.5
		規範的批判的視点からの研究と職業指導	7.5
		ガイダンスの理論と方法	22.5
		研究手法と科学的理論	7.5
		学位プロジェクト	15
		合計	180

てクライアントを取り巻く社会環境と、クライアントが抱えるキャリアに関する課題を体感し、その解決を目指す学位プロジェクトに取り組むことができる[5]。

4.2 クライアントの生涯学習を促すためにはどの年齢層のキャリアガイダンスを推進していくべきか

　スウェーデンでは、義務教育、中等教育、及び成人教育に関するキャリアガイダンスのアクセスについては、スウェーデン教育法（Skollag（2010：800））において「就学前および就学前のクラスを除くすべての学校の生徒は、将来の教育的、職業的活動を選択する前に、専門知識を持つスタッフにアクセスできるようにする必要がある」と定められており、高等教育機関においても、スウェーデン高等教育条例（SFS 1993：100）において「学生は学習カウンセラーやキャリアガイダンスへのアクセスを持たなければいけない」と定められている。このことから制度面においては、初等教育から、高等教育、成人教育に至るまで、一貫したキャリアガイダンスが推進されていると考えて良いだろう。

　しかしその実情を見ると、日本においてキャリアガイダンスの推進が最も進んでいるのは高等教育から職業への移行時であると言っても過言ではないが、少なくとも、本研究で調査した高等教育機関においてはキャリアガイダンスよりもスタディカウンセリングに重点が置かれていることが明らかとなった。例えば、ストックホルム大学では主にキャリアガイダンスを担当する専門家は日本のキャリアセンターにあたる部門に8名しか配置されていないのに対して、各学部では合計80〜100名程度のスタディ・カウンセラーが配置されている。

　一方で、中等教育以前と成人教育機関におけるキャリアガイダンスは日本と比較して非常に推進されている。先に述べたキャリア支援専門家の学位を取得した人材も、その多くはこれらの機関で雇用される。中等教育以前及び成人教育機関においてキャリアガイダンスが盛んである理由について、ユーロガイダンススウェーデン支部インターナショナルアドバイザーは以下のように述べた。

　　"スウェーデンでは、例えば大学には、高等学校から、Folk high schoolから、もしくは自治体の成人教育機関から進学する、など様々な方法で入学することができます。スウェーデンのガイダンスカウンセラーの一つの仕事は、人々

に対してどのようにこの教育システムの中を移動していくか、どのようにして次の場所（教育機会）を得るのかをアドバイスすることにとても近いものです。"

　このことから、日本におけるキャリアガイダンスは主に学校（もしくは職業から）から職業への移行支援を主としているのに対して、スウェーデンにおけるキャリガイダンスは教育から教育（もしくは職業）への移行支援を主な対象としていることが分かる。

　こうしたキャリアガイダンスの捉え方は「複線型キャリアパス」と深く関連している。上の説明の通り、スウェーデンでは、例えば、中等教育を中退した若者であっても、その後、高校に復学するだけでなく、Folk high schoolと呼ばれる北欧独特の成人コミュニティ教育機関や自治体が提供する成人教育機関がメインストリームの中等教育のオルタナティブとして機能しており、こうした教育を修了することで高等教育にアクセスすることができる。ユーロガイダンススウェーデン支部インターナショナルアドバイザーは、複線型キャリアパスにおける複数の岐路においてなされるのがキャリアガイダンスであり、多様なキャリアパスがあるからこそキャリアガイダンスが必要かつ重要とされている、という認識を示した。

　このことはウメオ大学Student Servicesに所属するキャリア支援専門家へのヒアリングにおいても言及された。彼らは加えて、クライアントの生涯学習を促す動機となるものとして「教育の職業的レリバンス」を指摘した。「教育の職業的レリバンス」とは「職業生活に対して学校教育がいかなる意義をもっているか、いないかということ（本田，2004）」ということである。ウメオ大学のキャリア支援専門家は、スウェーデンにおいて、学びはその先の職業に直結しており、学びは、新たなキャリアやより良いキャリアを得ることに繋がるという信念を示した。そしてこのことが、人々を学びへと促すと強調した。

　ウプサラ大学のキャリア支援専門家は、大学のキャリアセンターで取り扱う相談には、もちろん就職活動に関するものも多く、キャリアセンターにおいても企業を招いたイベント等を企画している。しかしそれと同等に、入学直後の学生からの、コース変更または他大学への転学、退学に関する相談が多く寄せられると

のことであった。大学のコースにおける学びが職業に直結しているスウェーデンでは、コース選択は職業選択と同等に、時にはそれ以上に重要なことと考えられている。そのため、大学のコースと学生の学びのニーズや将来のキャリア像とのミスマッチを解消することを目的に、高校生に向けたキャリアガイダンスも実施されている。

4.3 スウェーデンのキャリアガイダンスは学習社会の発展にどう寄与しているのか

4.1で述べたキャリア支援専門家養成のための学士課程は確かに、他の北欧諸国でも見られないスウェーデン独特の養成制度であるが、4.2で述べた複線型キャリアパスや教育の職業的レリバンスについては、他の欧米諸国にも見られる特徴である。では、なぜスウェーデンは他の欧米諸国と比較して生涯学習参加率が高くなったのだろうか。そしてキャリアガイダンスは学習社会の発展にどう貢献しているのだろうか。

本研究でヒアリングを行った専門家の多くは、この問いをキャリアガイダンスの社会的包摂と関連付けて回答した。文献調査において既に明らかになっている通り、スウェーデンのキャリアガイダンスは早くから、今日、日本においても「社会正義のためのキャリア支援」として知られる社会民主主義的キャリアガイダンスを採用している。この傾向は近年移民の増加を背景に増々強まっており、それがウメオ大学学士課程における新たな科目「社会的、文化的視点からみたキャリア開発」の開講や、ストックホルム大学学士課程における「多様性、移住とモビリティ」の必修化（2017年頃までは選択必修であった）に繋がっている。

例えば、ウメオ大学学士課程における新たな科目「社会的、文化的視点からみたキャリア開発」のシラバスには、「このコースは、キャリア、社会的モビリティ、そしてガイダンスについて、階級、ジェンダー、民族、という3つのコンセプトに基づいて議論、説明します」とある。このことから、スウェーデンでは伝統的に社会民主主義的キャリアガイダンスが注力してきた階級やジェンダーに、新たに民族というコンセプトを追加することにより、近年スウェーデン社会において社会的弱者、もしくはマイノリティとされる移民、難民へのキャリアガイダンスを推進しようとしていることが分かる。またキャリア支援専門家の一人は、「移

民や難民の中には、スウェーデンでお金を得るための仕事に就ければそれでよいという人もいます。ですが我々はそうは考えていません。彼らにも、私たちと同じように、自分を知り、より良いキャリアを開発していく権利があり、我々は常に彼らをそのような視点からサポートしたいと考えています」と述べた。

　Hertzberg & Sundelin（2014）は、2013年の統計データでは、スウェーデンの５人に１人の子どもが外国に起源を持っている、つまり、スウェーデン国外で生まれたか、外国で生まれた両親を持っている、と定義されており、スウェーデンの教育機関で働くキャリア支援専門家は移民の背景を持つ多くの生徒に直面していると指摘している。こうした人々に加え、女性、障がい者など、社会には常にメインストリームの教育や安定した雇用から排除されがちな人々が存在している。本研究にてヒアリングを行った専門家たちは、キャリアガイダンスがスウェーデンの学習社会の発展に寄与していることを示す統計的根拠を示すことは困難であるが、スウェーデンにおけるキャリアガイダンスは常に、こうした層に注力することにより、経済的、社会的正義を促進し、そのことが多くの国民の生涯学習への参加に繋がるという見解を示した。

4.4　クライアントの生涯学習を促すために、キャリア支援専門家が身につけるべき知識、能力、スキルとはどのようなものか

　では、上に述べた社会的弱者と考えられる人々も含め、クライアントの生涯学習を促すために、キャリア支援専門家が身につけるべき知識、能力、スキルとは具体的にはどのようなものになるのだろうか。

　このことについて、ユーロガイダンスのインターナショナルアドバイザーは、自国と外国の教育制度に関する知識だと指摘した。スウェーデンでは、エラスムスプラス プログラム等により、国外で教育やトレーニングを受ける人々の数が2倍に増えている（Euroguidance, 2015）。そのため、キャリア支援専門家は、スウェーデンだけでなく国外の教育機関への進学を目指す若者へのキャリアガイダンスの質向上のため、近隣諸国における教育制度の知識習得を必要としており、ユーロガイダンスではこうしたニーズに対応した専門家向けオンライン研修を開発、提供している。

　また、このことについて、ウメオ大学のキャリア支援専門家は「skilled helper

model」を挙げた。スウェーデンにおいても他の国と同様、キャリア支援専門家は多様なキャリアカウンセリング、ガイダンスの理論を学び、応用するが[6]、実践現場においてはジェラルド・イーガン（Gerard Egan）が1975年に発表した「skilled helper model」を好む専門家が多いということである。イーガンはカール・ロジャーズ（Carl Ransom Rogers）のクライアント中心主義（Client-Centered Therapy）の流れを踏襲しつつも、イーガンの「人」への理解は、概念内に位置するロジャーズのそれよりも社会政治的な文脈に位置している（Wosket, 2008）。

　加えて、Nelson（2007）は、「skilled helper model」の目的は、クライアントが、現在の問題、そして将来発生する可能性のある問題を解決するために必要なスキルと知識を習得することを支援することであると指摘している。「skilled helper model」は、探索段階（何が起こっているのか？）、理解段階（代わりに何が必要か？）、行動段階（それをどうやって手に入れるか？）、という3つのステージ（と3つの質問）から構成されている。Nelson（2007）によれば、特に、3番目のステージでは、クライアントが現在の課題に対処し、将来クライアントがより効果的に生きることができるようにするための新しいスキルを学ぶことを支援するという。

　Kidd（1996）は、イーガンのモデルにおける3つのステージで、キャリア支援専門家が行うべきことについて、表3の通りまとめている。イーガンのモデルで

表3　イーガンの支援モデル

ステージ	ステップ
ステージ1: 問題の特定と明確化	1a クライアントが、彼らの物語を語れる手助けをする。（状況と使用されていない機会） 1b クライアントが、彼らにとっての盲点に気づき、それを克服し、彼ら自身と彼らの問題の状況についての新しい視点を開発する手助けをする。 1c クライアントが、違いを生むことになる問題、課題、懸念、そして機会を特定し、それに取組むことを助ける。
ステージ2: 優先すべきシナリオの開発	2a クライアントがより良い未来のための様々な可能性を開発することを助ける。 2b クライアントが優先すべきシナリオの可能性を実行可能な一覧に変換することを助ける。 2c クライアントが、自ら作り上げた（実行すべき）課題に全力を傾けることを可能にする誘因を特定する手助けをする。
ステージ3: 戦略と計画の策定	3a クライアントが計画を実施するための様々な戦略を思い浮かべることを助ける。 3b クライアントが、彼らを取り巻く環境に最も適した一連の戦略を選択できるよう助ける。 3c クライアントが計画、つまり、優先すべきシナリオのそれぞれの目標を達成するための段階的な手順、を立てるのを助ける。
全てのステージ	支援の過程全体を通じて、クライアントが学習した内容に基づいて行動することを支援する。

は、クライアントに課題があることを前提としており、課題を真正面から解決するだけなく、クライアントにとって盲点となっていることや新しい視点の開発を重視している。このようなアプローチは、メインストリームの教育や安定した雇用の周縁に置かれた人々の支援を行うのに適した手法だと考えることができるだろう。

5. 考察と今後の課題

　本稿は、キャリア支援専門家が、クライアントである個人のキャリア形成における生涯学習をどのように促すのか、またその際に専門家に求められる知識、能力、スキルはどのようなものか、について、スウェーデンの事例に焦点をあて、文献および現地でのヒアリング調査から探求し、以下のことを明らかにした。
　まず戦後の教育改革と並行して、スウェーデンのキャリアガイダンスは北欧の伝統であった「教師ベースモデル」から「社会民主主義的キャリアガイダンス」へと移行した。この「社会民主主義的キャリアガイダンス」は現在では「社会正義のためのキャリア支援」として欧米諸国を中心に広く普及している。
　「社会正義のためのキャリア支援」においては、キャリア支援専門家は、時に、クライアントに変わって主役になり、組織・環境に提言（アドボカシー）することで、社会変革へと導く役割を果たす。しかし、冒頭で提起した個人（クライアント）のキャリア形成における生涯学習の促進に立ち返り、スウェーデンにおける「学習社会」の発展の文脈から再考すると、スウェーデンの「社会民主主義的キャリアガイダンス」における社会変革の担い手はあくまでもクライアント自身であり、キャリア支援専門家は、クライアントが自分の課題を社会問題と結びつけ、社会変革を目指すまでの支援を行う役割を果たしていることが仮定できた。
　この仮説の検証及び具体的な実践方法や、キャリア支援専門家に求められる知識、能力、スキルの詳細を知るために実施した現地調査では、以下のことが明らかとなった。
　まず、個人（クライアント）の生涯発達におけるどの時点でのキャリアガイダンスを推進すべきか、という点については、欧州で発達しているLifelong Guidance（生涯キャリアガイダンス[7]）の概念に漏れることなく、スウェーデン

においても初等教育から高等教育、そして成人教育機関・公共職業安定所に至るまで、一貫したキャリアガイダンスが推進されていた。しかし、ここで特筆すべき点は、日本のキャリアガイダンスが主に教育（もしくは職業）から職業への移行支援に注力しているのに対して、スウェーデンでは教育から教育（もしくは職業）への移行支援に重点が置かれているという点であろう。このことは複線型のキャリアパス及び教育の職業的レリバンスを前提として成り立つことであるが、伝統的に個人と労働市場とをマッチングさせることに重点を置いてきた日本のキャリアガイダンスとは大きく異なる点である。

　次に、キャリアガイダンスの「学習社会」への貢献という点に関しては、スウェーデンのキャリアガイダンスは、すでにメインストリームの教育機関に所属している若者や、安定した雇用を持っている成人だけではなく、恵まれない社会階級に属する人たち、女性、障がい者、移民、など、社会的弱者と考えられる人々に注力することで、社会全体の教育への参加、そこから繋がる安定した雇用の獲得に貢献している可能性が示唆された。生涯学習の領域においては、高い教育を受けた人はその後も学習を続ける一方で、低い教育しか受けていない人の継続学習率は低いという二極化がしばしば指摘される[8]。こうした二極化に対してキャリアガイダンスがどのような役割を果たせるのか、という点は今後の日本においても重要な課題となるだろう。

　最後に、クライアントの生涯学習を促すために、キャリア支援専門家が身につけるべき知識、能力、スキルについては、本研究で新たに、スウェーデンの専門家が実践現場で好む手法としてイーガンの「skilled helper model」が明らかとなった。「skilled helper model」は、クライアント自身が、現在、そして未来に持つ課題に対処できるようになるための新たなスキルの学習を促す。個人のキャリア形成における課題解決の責任が組織から個人に移行しつつある昨今の日本においても、イーガンのモデルはあらゆる場面におけるキャリアガイダンスにおいて活用が期待できる。

　また、上のようなキャリアガイダンスを行うために、キャリア支援専門家は養成段階において教育と労働市場、個人と社会という4つの領域に関する知識をバランスよく習得する必要があること、さらに、複雑かつ時代とともに変化する教育制度に関する知識を常に更新していく必要があることが明らかとなった。

本稿では、自律的キャリア形成時代において、キャリア支援専門家がクライアントの生涯学習意欲を醸成するために有効ないくつかの視点と方法を提示することができたと考える。今後はこれらに加えて、高等教育以外の公教育、及びノンフォーマル教育における調査も含め、より詳細な検討を継続したい。

〈謝辞〉
　本研究の遂行にあたり、「2018年度スカンジナビア・ニッポン　ササカワ財団助成事業」及び「一般財団法人生涯学習開発財団　平成30年度生涯学習助成金」の支援を受けました。また、本研究にご協力いただいたスウェーデンの専門家の方々に改めて感謝申し上げます。そして、本稿に対して貴重なご助言をくださった2名の匿名査読員の先生方にもこの場を借りて御礼申し上げます。

【注】

1）OECD（2016）において、生涯学習参加率上位の国は、1位のニュージーランドを除き2位から5位までを北欧諸国が独占している（スウェーデン66％、デンマーク66％、フィンランド66％、ノルウェー64％）。一方、同調査による日本の生涯学習参加率は、42％（男性48％、女性35％）となっており、男女ともにOECD諸国の平均を下回る結果であった。
2）European Lifelong Guidance Policy Network（ELGPN）のまとめた用語集によると、キャリアガイダンスはしばしば単なる「ガイダンス」とも呼ばれ、カウンセリングだけでなく、情報提供、コーチング、教育、評価、アドボカシーなどの活動を含む包括的な概念である。
3）文献においてyrkesvalslärare の英訳は統一されておらず、例えばPlant（2006）はyrkesvalslärareを「Career Choice Teachers」と訳しているが、ここではWatts（1981）の訳を採用する。
4）Watts（1981）によれば、careers teachersの多くはフルタイム雇用だったことに対して、SYOカウンセラーの多くはパートタイム雇用であったため、新システムの方がコストが抑えられることとなった。
5）本稿執筆時点において、日本のキャリア支援専門家の養成コースには、ロールプレイによる実技実習は含まれているが、実際の教育機関や公共機関、企業等での実習は含まれない。
6）スウェーデンを含む北欧諸国ではクライアント中心主義で有名なロジャーズ（Carl Ransom Rogers）及びピービー（Peavy,R.V.）などの（社会）構成主義アプローチが好まれるとする文献が多い。
7）Lifelong Guidaceの日本語訳は文献により異なるが、本稿では夏目（2015）による翻訳を採用している。
8）例えば、スウェーデンと並び生涯学習先進国の一つとされるフィンランドを調査した森田（2017）においても、すでに高い教育を受けている人に比べて、フィンランド労働組合中央組織に加盟している人（多くはブルーカラー労働者）は生涯学習に参加する割合が低いという調査結果が提示されている。

【引用・参考文献】
1）伊藤正純（1995）「スウェーデンにおける高等教育及び生涯教育の変容」『社会・経済システム』第10号，pp.13-18.
2）太田美幸（2011）『生涯学習社会のポリティクス：スウェーデン成人教育の歴史と構造』新評論.
3）経済産業省産業人材政策室（2018）『人生100年時代の社会人基礎力について』．参照元：https://www.meti.go.jp/committee/kenkyukai/sansei/jinzairyoku/jinzaizou_wg/pdf/007_06_00.pdf
4）下村英雄（2020）『社会正義のキャリア支援：個人の支援から個を取り巻く社会に広がる支援へ』図書文化.
5）中央教育審議会（2001）『今後の学校におけるキャリア教育・職業教育の在り方について（答申）』.参照元：https://www.mext.go.jp/component/b_menu/shingi/toushin/__icsFiles/afieldfile/2011/02/01/1301878_1_1.pdf
6）夏目達也（2015）「イギリスの大学における生涯キャリアガイダンス政策の展開：学生のキャリア形成支援活動の現状」『名古屋高等教育研究』第15号，pp. 117-138.
7）本田由紀（2004）「高校教育・大学教育のレリバンス」『JGSS研究論文集』3，pp.29-44.
8）宮島裕（2012）「自律的キャリアの課題についての一考察－自律的キャリアと組織の関係－」『目白大学経営学研究』第10号，pp.105-117.
9）森田佐知子（2017）「生涯学習社会におけるキャリア形成支援の課題－フィンランドにおけるインタビュー調査より－」『佐賀大学全学教育機構紀要』第5号，pp.127-136.
10）Euroguidance. (2015). Open the Door to the World. Retrieved from https://issuu.com/euroguidance-sweden/docs/final_open_the_door_to_the_world_we
11）Hertzberg, F., & Sundelin, Å. (2014). Counseling between recognition, justice and difference: The significance of power asymmetries, communicative projects and unintended consequences in career counseling of immigrants in Sweden. International Journal for Educational and Vocational Guidance, 14(1), 89–102. https://doi.org/10.1007/s10775-013-9261-z
12）Kidd, Jennifer M. (1996) The career counselling interview. In: Watts, A.G. and Law, B. and Killeen, J. and Kidd, Jennifer M. and Hawthorn, R. (eds.) Rethinking Careers Education and Guidance: Theory, Policy and Practice. London: Routledge, pp. 189–209. ISBN 0415139759.
13）Lindh, G. and Dahlin, E. (2000). 'A Swedish Perspective on the Importance of Bourdieu's Theories for Career Counseling', Journal of Employment Counseling, 37: 194–203.
14）Nelson, P, M. (2007). An easy introduction to Egan's skilled helper solution focused counselling approach. Article Copyright Patrick JM Nelson 2007. Retrieved from http://highgatecounselling.org.uk/members/certificate/CT1W3%20Paper%202.pdf
15）OECD (1998). Thematic review of the transition from initial education to working life: Sweden. Retrieved from http://www.oecd.org/education/skills-beyond-school/1908297.pdf.
16）OECD (2016). Education at a Glance 2016: OECD Indicators, OECD Publishing, Paris. Retrieved from http://dx.doi.org/10.187/eag-2016-en.
17）Plant, P. (2003). Research in Educational and Vocational Guidance in the Nordic Countries: Current Trends. International Journal for Educational and Vocational Guidance, 3(2), 101-122.
18）Plant, P. (2006). Five Swans in 3-D: Nordic educational and vocational guidance. International Association for Educational and Vocational Guidance Newsletter, 55, 1–4.
19）Regeringens Proposition 1971: 34. Om studie-och yrkesorientering i grund- och gymnasieskola. Swedish Government Printing Office.
20）Serrao, F. (2019). Egan's Skilled Helper Model. Retrieved from https://www.researchgate.

net/publication/337084700_Egan's_Skilled_Helper_Model

21) Watts, A.G. (1981). Career guidance in Sweden: a British perspective. International Journal for the Advancement of counselling 4(3), pp187-207.

22) Watts, A. G., Guichard, J., Plant, P., & Rodriguez, M. L. (1994). Educational and vocational guidance in the European Community. Luxembourg: Office for Official Publications of the European Communities.

23) Wosket V. (2008). Egan's skilled helper model: Developments and implications in counselling. London: Routledge.

ABSTRACT

Social-Democratic Career Guidance and the Learning Society in Sweden: Career Guidance to Encourage Individual Lifelong Learning and Competencies Required of Career Guidance Practitioners

Sachiko Morita '
(Kochi University)

<Keywords: career guidance / career support / Sweden / social democracy / learning society>

Since the 1990s, the concept of 'career' in Japan has changed due to the globalization of the economy, while the perceived importance of active learning in individuals' career development has increased. Then, how do career guidance practitioners encourage clients' lifelong learning on their careers in the case when we redefine individuals as "lifelong learners"? In addition, what kind of knowledge, competencies, and skills should career guidance practitioners acquire? This study has aimed to clarify the above two research questions based on the case of Sweden.

First, we conducted a literature review to clarify the transition of career guidance in Sweden from a 'teacher-based model' to one founded in 'Swedish-style social democracy'. Second, with growth of the learning society in Sweden as a premise, we performed a simulation of the process of how, during social democratic career guidance, practitioners would lead their clients to lifelong learning.

In 2018 and 2019, we carried out interview surveys in Sweden to verify the aforementioned process. As a result, we clarified the following three points.

First, with regard to the stages on which career guidance should focus in an individual's lifelong development, it was found that consistent career guidance is promoted in Sweden from primary to adult education. In addition, it was found that Japanese career guidance focuses mainly on supporting the transition from education (or work) to work, whereas Swedish career guidance focuses on supporting the transition from education to education (or work).

Second, regarding the contribution of career guidance to the 'learning society', it is clear that Swedish career guidance focuses not only on young people who already belong to mainstream educational institutions and adults who have stable employment, but also on those who are considered to be socially vulnerable such as individuals from disadvantaged social classes, women, disabled people and immigrants. This could lead to more people participating in education, which in turn could lead to a higher incidence of gaining stable employment.

Finally, with regard to the knowledge, competencies and skills that career guidance practitioners should acquire in order to encourage lifelong learning of their clients, this study newly identified Egan's 'skilled helper model' as the preferred method of Swedish professionals in their practice settings. The 'skilled helper model' encourages clients to learn new skills to help them cope with their own current and future challenges. It was also revealed that career guidance practitioners need to acquire knowledge in four areas, education, labor market, individual and society, at the training stage. Furthermore, it became apparent that career guidance practitioners need to constantly update their knowledge of the education system, which is complex and changes with the times.

タイにおける仏教学校の役割
—山岳少数民族の教育機会とエスニシティ—

植田 啓嗣
（西九州大学）

〈キーワード：仏教学校／マイノリティの教育／教育機会の保障／同化主義と多文化主義〉

1. はじめに

　本稿は、タイにおける中等教育機関の一つである仏教学校（โรงเรียนพระปริยัติธรรม）の役割について、山岳少数民族（以下、山地民）の教育機会の観点から分析し、それに伴うエスニシティの問題について検討することを試みるものである。

　タイの北部には山地民（チャオ・カオ）と呼ばれる、さまざまな少数民族が暮らしている。山地民はタイ国人口の1％程度に過ぎない。山地民は、独自の言語を持ち、自然や祖先に対する信仰（民俗信仰）を持っていた。山地民にとって仏教は20世紀以降に入ってきた信仰である。

　一方で、タイ社会は上座部仏教（以下、仏教）を基盤とした社会である。タイ政府は仏教を国教として定めているわけではないものの、国民のマジョリティは敬虔な仏教徒であり、国王は仏教徒であると規定されていることから、仏教は事実上国教としてあつく保護されている。タイ国家統計局の「2018年社会・文化・精神的健康状況調査」によると、国民の93.5％が仏教徒である。イスラム教徒（5.4％）、キリスト教徒（1.1％）と比べても、仏教は他の宗教を凌駕しており、仏教がタイ社会において支配的な宗教であると言えよう[1]。

　タイの学校制度をみると、基本的に単線型の学校制度をとっており、学校教育は教育省が管轄している。しかしながら、一般的な国公立学校ではない、複線的・

分岐的な学校制度も存在する。たとえば、国境付近の山地民のための学校を国境警察が運営している。また、山地民の子どもたちがインフォーマル教育機関で学んでいたり、ノンフォーマルな場で教育の機会を得たりすることもある。教育省管轄になるが、山地民や貧困層の子どもたちを対象とした授業料や寄宿舎費が無償の福祉学校（スクサーソンクロー学校）も存在する。

　本稿が対象とする仏教学校も複線的・分岐的な学校制度の一つである。仏教学校は国立仏教事務所が管轄している中等教育機関である。坂元（2003）は、タイ仏教においては僧籍からの離脱あるいは還俗は個人の意志にゆだねられており極めて自由であるため、僧侶として生きていくのではなく中等教育の機会を得ることを主たる目的に仏教学校に入学してくる者が山地民の中には多くおり、仏教学校が隔絶した居住環境や経済的問題のために正規の教育機会を奪われた山地民の教育機会への貴重な受け皿になっていると指摘している[2]。つまり、仏教学校は山地民が教育機会を得る選択肢の一つであると考えられる。

　仏教学校が山地民に教育機会を提供する役割を持っているとしても、エスニシティの問題が生じる。さまざまな民族が共存共生する社会において、教育の「求心的作用」[3] によって、支配的な民族の言語や文化がほかの民族にも浸透し、国民統合が推進される。村田（2007）は、タイにおいてはタイ族が中心の国家である一方で、ほかの民族は「タイの言葉」「タイの文化慣習」「タイ人としての意識」を持つことが強制されており、教育政策は「同化主義」をとっていると指摘している。これは「多文化主義」の対極にあるものである。

　今日のタイの基盤は19世紀後半から20世紀初頭にかけて形成された。チュラロンコーン王（在位1868-1910年）、ワチラウット王（在位1910-25年）の時代に当たる。チュラロンコーン王やワチラウット王は小国群である「ムアン」を一つにまとめ、「タイ」を形成した。各ムアンに散らばるタイ族とその周辺にいる多様な民族を統合する上で、国王と政府は国民に対して新たに「タイ人」というナショナル・アイデンティティを形成させる必要があった。アンダーソン（2007）は、19世紀からタイを含めた世界各国で起こったナショナリズムを「公定ナショナリズム」と名付け、その政策手段として、国家統制下の初等中等教育、国家の組織する宣伝活動、軍国主義などを挙げている。タイという国を一つにまとめるために、歴代国王と政府は「ラック・タイ（タイ原理）」思想を創出・採用し、教

育を通してラック・タイ思想を人々に涵養した。つまり、学校教育は山地民をはじめとする少数民族の文化（言語や宗教を含む）を排除してきた歴史がある。ラック・タイは、「民族」「宗教（仏教）」「国王」を三本柱としている。タイに住む人たちは、タイ人としての誇りを持ち、仏教を崇拝して、国王を尊敬することを通して、「タイ人」としての国民意識を持つのである。今日においても、政府は学校教育を通して、国民へのラック・タイ思想の涵養を目指している。仏教は国民にタイ・アイデンティティを形成させるための重要なファクターなのである。

ところで、仏教学校の本来の目的は、僧侶の養成であるが、そこに通っている生徒はどのような目的で仏教学校に通っているのだろうか。坂元（2003）は仏教学校が山地民の教育機会提供の役割を持っていると指摘しているが、生徒たちの目的意識については検証できていない。タイの国内研究においても仏教学校を対象としたものは多々ある。しかし、そのほとんどは学校運営や教育技術を取り扱ったものである。たとえば、仏教学校の運営参加型モデルについて検討・分析した研究（Phra Sommai 2017）や仏教学校における情報通信技術について検討・分析した研究（Phra Krupariyattiら2017）がある。国内外の先行研究において、生徒個人の仏教や仏教学校に対する「意識」を取り扱ったものは管見の限り見当たらない。生徒の意識を分析することは、仏教学校の役割を明らかにすることにつながる。

拙稿（2020）は、仏教学校に通う山地民のエスニシティの問題に関して取り上げている。これは、生徒に対するアンケート調査からエスニシティの問題を分析したものであるが、1校のみの事例研究であり、仏教学校間の比較検討がないため、山地民のエスニシティの問題を一般化できていない。また、仏教学校以外の山地民のエスニシティに関わる研究として、拙稿（2018）がある。これは、モン族の村にある初等学校数校を調査したものである。初等教育と中等教育の違いがあるものの、モン族村という民族文化の影響を受けている地域にある事例と仏教学校というタイ文化の影響下にある事例で異なる影響が出ている可能性がある。

本稿は次の三つの課題を分析する。一つ目は、仏教学校はどのような背景を持った生徒を受け入れているのかについてである。二つ目は、仏教学校に通う生徒が仏教や仏教学校に対してどのような目的意識を持っているのかについてである。この二点を分析することによって仏教学校の役割を明らかにできる。三つ目

は、ラック・タイと関連して、仏教学校に通う生徒たちのエスニシティに関わる問題を検討する。仏教はタイ社会への同化を促進する役割があり、この課題を検討することにより、山地民に対する同化主義の影響を明らかにできる。

2. 仏教学校とは

仏教学校は、国立仏教事務所の管轄下にある中等教育機関であり、一般教養と仏教教育の両方を提供する教育機関である。カリキュラムとしては、仏教教育に加え、教育省のカリキュラムに準じた教科学習を行っている。仏教学校を修了することは、教育省管轄の中等学校を修了することと同等に扱われる。

教員には僧侶の教員と俗人の教員がいて、俗人の教員の中には女性教員もいる。僧侶の教員はパーリ語などの仏教関連科目を教え、俗人の教員は一般教科を教えている。ただし、筆者が訪問した学校において、一部の僧侶の教員は一般教科も教えていた。また、僧侶だった教員が還俗して、俗人の教員として継続して同じ仏教学校で勤務する事例もある。

仏教学校はサンガ成員の再生産としての僧侶養成が前提となっているため、仏教学校への入学希望者は、まず見習僧（サーマネーン）として出家することが要求される。彼らは入学前に「得度」の儀礼を受け、剃髪し、黄衣をまとった見習僧にならなければならない。このように、生徒は得度を受け見習僧になることが大前提としてあるため、教義上、女児はこの機会から排除されている（坂元 2003、145）。

仏教学校の校長（B校）へのインタビューによると、仏教学校の運営費は、国家仏教事務所からの補助金及び地元住民や民間部門からの寄付で賄っているという。つまり、生徒たちは授業料や給食費や寄宿舎費を支払う必要はない。それゆえ、貧困層に教育機会を与えることができる。ここに仏教学校の福祉的な役割が垣間見える。

教育省の統計（2015年）によると、前期中等教育の生徒の全体の中で仏教学校に通っている生徒の割合は約1.5%である。ただし、仏教学校は男子生徒のみを対象としており、地域的な偏りがあるため、ある特定地域の男子にとって仏教学校は進路の選択肢として入ってくる。ほかに一般中等学校、機会拡張学校、国

境警察学校、スクサーソンクロー学校などが山地民の進路先として考えられる。ただし詳細な統計がなく、在籍比率は不明である。

　表1は、タイ全土における仏教学校の分布を示している。この分布をみると、仏教学校の生徒の85％が北部と東北部の学校に在籍しており、仏教学校が北部と東北部に集中していることがわかる。仏教学校数を県別で見るとチェンマイ県が28校で最多、仏教学校生徒数もチェンマイ県が4,541人で最多となっている。学校数および生徒数が上位の県は、チェンマイ県をはじめとする北部と東北部の県で占められている。

　仏教学校が北部と東北部に集中している理由はいくつか考えられる。まず、宗教的な影響である。マレーシアに隣接する南部地域の一部の地域はイスラム教の影響下にあり仏教の影響力が弱いのに対し、北部と東北部は、ミャンマー、ラオス、カンボジアなど、ほとんどが仏教徒である国々に囲まれており、伝統的に仏教が強い影響力を持つ地域である。

表1　仏教学校の分布

	全体	バンコク	中部	北部	東北部	南部
県の数（県）	77	1	25	17	20	14
仏教学校が所在する県の数（県）	65	1	18	17	20	9
仏教学校の数（校）	409	11	39	127	212	20
生徒数（M1-M3）2017年（人）	27,868	1,073	2,032	10,397	13,445	921
（％）	100	3.9	7.3	37.3	48.2	3.3
生徒数（M4-M6）2017年（人）	12,516	601	930	4,797	5,891	297
（％）	100	4.8	7.4	38.3	47.1	2.4
人口（千人）2015年	65,730	5,696	16,753	12,072	21,916	9,293
（％）	100	8.7	25.5	18.4	33.3	14.1

出所：『タイ国家仏教事務所学校統計2017年版』（タイ語）、『タイ登録管理局県別人口統計
　　　2015年版』（タイ語）をもとに筆者作成。

次に、経済的な影響である。タイ国家統計局の「2019年上半期の世帯社会経済状況の調査」によると、2019年上半期の地域別平均世帯月収は、バンコク首都圏[4]が38,234バーツ、中部が26,355バーツ、北部が20,995バーツ、東北部が20,332バーツ、南部が26,602バーツであり、北部と東北部は他の地域と比べて平均月収が低い。

また、北部と東北部において中等教育の整備が遅れたという事情もある。タイは1990年代まで前期中等教育は義務化されておらず、地方では中等教育機関が十分に整備されていなかった。タイ国家統計局の「地域別労働力調査」によると、2016年第3四半期の15歳以上人口を学歴別にみたところ、初等学校卒業以下（無教育および初等学校中退を含む）の比率は、バンコク首都圏が28.7％、中部が42.9％、北部が56.9％、東北部が59.3％、南部が48.4％である。北部と東北部は中等教育以降の教育を受けていない人口の割合が高い。

3. 調査の方法

本稿は、筆者が2020年2月4日から6日にかけて、タイ北部・チェンマイ県内の仏教学校4校において生徒（Ｍ１～Ｍ６）[5]を対象に実施した選択式質問紙調査のデータを用いる。質問紙はタイ語で書かれており、家庭の事情や本人のアイデンティティや思想に関わる項目を尋ねているため、回答したくない項目については回答しなくてもよいことを調査の際に口頭で説明している。

本稿の調査に当たり、チェンマイ県の学校を選定した理由は二つある。一つ目の理由は、チェンマイ県は山地民が多く住んでいるエリアであり、県内の仏教学校にも多くの山地民が通っていることである。二つ目の理由は、仏教学校数および生徒数を県別にみるとチェンマイ県がともに最多であるということである。仏教学校が山地民の教育機会の受け皿となっていることもチェンマイ県に仏教学校が多い一因となっていると考えられる。

表2は調査対象者の概要を学校別に示したものである。調査方法は、調査当日に出席していた生徒に対して筆者が対面で直接実施している。全体で422人から回答を得られた。

Ａ校はチェンマイ市旧市街地に所在し、チェンマイ県の仏教学校の中では最大

規模の学校である。全校生徒は600人を超している。A校は、国立仏教大学であるマハーチュラロンコーンラージャヴィドゥヤラヤ大学の附属学校である。A校の調査当日に学校行事があり、悉皆調査が難しかったため、各学年一部の生徒のみアンケート調査を実施している。B校、C校、D校はいずれもチェンマイ市から車で1時間程度（数十km）の距離にある近郊の学校で、100名程度の規模の学校である。調査拒否の生徒や欠席していた生徒を除いて回答を得ることができた。仏教学校の多くは郊外に置かれており、全校生徒が100名程度の小規模な学校が一般的である。典型的な仏教学校である郊外の三校と、都市部の仏教大学附属校一校を併せて検討することで、仏教学校の全体像を捉えることができる。

　学年別にみると、M1が113人、M2が94人、M3は65人、M4は47人、M5は63人、M6は37人である。仏教学校の後期中等教育課程在籍者は、前期中等教育課程在籍者と比して半分程度しかいないという特徴がある。とくにB校、C校、D校は後期中等教育（M4〜M6）の生徒数が少ない。B校教員へのインタビューによると、生徒の所属寺院の移籍や還俗、ドロップアウト等によって前期中等教育で修了したり、後期中等教育課程に入っても卒業まで全うしなかったりする生徒が多いとのことであった。

表2　学校別の調査対象者の概要

（単位：人）

所在地	全体	A校 チェンマイ市 （中央）	B校 ドーイサケット郡 （郊外）	C校 サーラピー郡 （郊外）	D校 ハーンドン郡 （郊外）
有効回答数	422	133	87	93	104
M1	113	46	21	24	22
M2	97	16	17	29	35
M3	65	10	20	15	20
M4	47	19	8	10	10
M5	63	32	16	7	8
M6	37	15	5	8	9

4. アンケート結果の分析

(1) 生徒の属性

　まず、生徒の民族について検討する。タイ族178人、タイ族以外243人、無回答1人であった。仏教学校に通う生徒の約6割が山地民（少数民族）であり、民族の人口比から鑑みても仏教学校は山地民を多く受けていることがわかる。タイ族以外243人の内訳は、カレン族125人、タイヤイ族79人、ビルマ族7人、ラワ族6人、モン族5人、リス族5人、ダラアン族3人、クメール族3人、中国系2人、ヤオ族1人、ベトナム系1人、その他（ミックス等）5人であった。多様な山地民が仏教学校に在学しているが、とりわけ調査対象校においてはカレン族[6]とタイヤイ族[7]が多いことがわかった。

　次に生徒の出生地について検討する。県別では、チェンマイ県275人、それ以外139人、無回答8人であった。それ以外の内訳をエリア別にみると、北部96人、東北部6人、バンコク1人、中部2人、南部5人であった。大多数の生徒がチェンマイ県および近隣の県出身者であることがわかる。また、ミャンマー25人、ベトナム2人、ラオス1人、カンボジア1人という国外出身者もいた。ミャンマー出身者のうち17人がタイヤイ族であった。

　出生地に続いて出身初等学校について質問した。出身初等学校の所在地をみると、チェンマイ県296人、それ以外117人、無回答9人であった。出生地に比べて、チェンマイ県の割合が増えており、これは初等学校段階でチェンマイ県に移住してきたことを示している。また、チェンマイ県生まれでも別な地域の初等学校を卒業している生徒も数人見られた。それ以外のうち内訳をエリア別にみると、北部86人、東北部4人、中部4人、南部3人であり、国外はミャンマー13人、ベトナム3人、ラオス1人、カンボジア1人であった。特筆すべきところは、「初等学校教育を受けていない」と回答した生徒が2人いたことである。この2人の内訳はカレン族1人とタイヤイ族1人であり、いずれも山地民である。無回答者の内訳は、タイヤイ族6人、ラワ族1人、中国系1人、タイ族1人であり、無回答者の中にも初等学校教育を受けられなかった生徒がいる可能性もある。

　タイにおいて、義務教育においても標準年齢より遅れて入学したり、留年したりすることは珍しくない。教育機会に恵まれないと入学年齢が遅れる場合があ

る。そこで、仏教学校への入学時の年齢について質問した。仏教学校に後期中等教育課程から入学する場合もあるので、前期中等教育課程（M1～M3）の生徒に限定した。回答結果は、11歳が2人、12歳が50人、13歳が113人、14歳が40人、15歳が18人、16歳が4人、18歳が2人、19歳が1人で、無回答が45人いた。標準年齢より1年遅れの13歳が最頻値であった。

坂元（2003）は、山地民は教育機会に恵まれにくいと指摘しているが、山地民は標準年齢より遅れて入学する傾向があるのだろうか。標準年齢で入学した11－12歳の生徒と、標準年齢より少し遅れて入学した13歳の生徒と、かなり遅れて入学した14歳以降の生徒についてそれぞれタイ族と山地民（タイ族以外の民族）に分けて分析した。11－12歳入学者は、タイ族が33人（63.5％）、山地民が19人（36.5％）であった。13歳入学者は、タイ族が60人（53.1％）、山地民が53人（46.9％）であった。そして14歳以降入学者は、タイ族が17人（26.2％）、山地民が48人（73.8％）であった。このことから、タイ族に比べて山地民は標準年齢より遅れて仏教学校へ入学する傾向があることがわかった。

仏教学校が教育機会に恵まれない子どもたちに教育機会を与える役割があるのかを検討するために、生徒の父母の教育的背景について検討する。

「父親の教育的背景（学歴）」について尋ねたところ、不明や無回答を除く有効回答が260件あった。その内訳は、「初等教育修了以下（中退含む）」が102人（39.2％）、「前期中等教育修了」が29人（11.2％）、「後期中等教育修了」が38人（18.5％）、「高等教育修了」が19人（7.3％）、「無教育」が62人（23.8％）であった。「初等教育修了以下」と「無教育」を合わせた数は164人（63.0％）であった。

同様に「母親の教育的背景（学歴）」について尋ねたところ、不明や無回答を除く有効回答が248件あった。「初等教育修了以下（中退含む）」が91人（36.7％）、「前期中等教育修了」が26人（10.5％）、「後期中等教育修了」が29人（11.7％）、「高等教育修了」が25人（10.1％）、「無教育」が77人（31.0％）であった。「初等教育修了以下」と「無教育」を合わせた数は168人（67.7％）であった。

この結果から、仏教学校に通う生徒の父母の「初等教育修了以下（無教育および中退を含む）」の比率は、北部平均56.9％（2016年第3四半期）と比較してやや高いことがわかった。このアンケートでは不明や無回答の割合も高かったものの、教育的背景が判然としないということは「初等教育修了以下（無教育および

中退を含む）」の比率が実際はさらに高くなると推察される。

　山地民の生徒の父母はやはり教育を受ける機会を十分に得られていないのだろうか。山地民を取り出して、父母の教育的背景を分析した。山地民の父親（有効回答数146件）のうち、「初等教育修了以下（中退含む）」が49人（33.6%）、「無教育」が58人（39.7%）であった。山地民の母親（有効回答数136件）のうち、「初等教育修了以下（中退含む）」が42人（30.9%）、「無教育」が66人（48.5%）であった。このことから、山地民の生徒の父母は十分な教育機会を得られていないことがわかった。

（2）仏教や仏教学校に対する意識・目的

　仏教学校は僧侶養成を目的とした学校である。しかしながら、卒業後や中退後に僧侶になるかどうかは個人の自由である。生徒は見習僧（サーマネーン）として入学し、成人後は僧侶（プラ）となる。仏教学校に通う生徒は、将来僧侶（プラ）になることを目指しているのだろうか。アンケートで「あなたは将来僧侶になりたいですか」と質問し、「なりたい」「少しなりたい」「あまりなりたくない」「なりたくない」の四件法で回答を得た。

　アンケート結果は、「なりたい」が57人（13.5%）、「少しなりたい」が56人（13.3%）、「あまりなりたくない」が69人（16.4%）、「なりたくない」が225人（53.3%）、「無回答」が15人（3.6%）であった。「あまりなりたくない」と「なりたくない」合わせて約7割を占める結果となった。山地民のみを抽出してもほぼ同様の結果となった。

　次いで「25歳時点でどのような職業に就きたいか」という質問をし、自由に回答してもらった。そこで「僧侶」と答えたのは34人（8.1%）だけである。最も人気のあった職業は「会社員」と「職人」でそれぞれ94人（22.3%）であった。次いで人気のあった職業は「公務員」の60人（14.2%）であった。家業である「農家」を選んだ生徒も28人（6.6%）いた。その他として、「サッカー選手」や「ムエタイ選手」などのプロスポーツ選手、「YouTuber」や「プロゲーマー」など世相を反映したような回答もそれぞれ複数名みられた。

　それでは、彼らはなぜ仏教学校に進学したのだろうか。アンケートで「あなたはなぜ仏教学校に入学したのですか」と質問し、「僧侶になりたいから」「仏教の

ことを学びたいから」「お金がないから」「父母が決めたから」「知人に勧められ
たから」「僧侶に勧められたから」の6項目についてそれぞれ四件法で回答を得た。

　表3は「仏教学校に進学した理由」の回答結果である。最も多かった回答は「仏
教のことを学びたいから」であった。一方で、「僧侶になりたいから」について
はタイ族、山地民ともに「あてはまらない」の方が多かった。「お金がないから」
に関して「あてはまる」と回答した生徒は山地民の方が多かった。また、「父母

表3　仏教学校に入学した理由

		あてはまる	やや あてはまる	あまりあて はまらない	あてはま らない	無回答
1. 僧侶になり たいから	タイ族	36 (20.2%)	39 (21.9%)	31 (17.4%)	67 (37.6%)	5 (2.8%)
	山地民	58 (23.9%)	49 (20.2%)	41 (16.9%)	78 (32.1%)	17 (7.0%)
2. 仏教のこと を学びたい から	タイ族	68 (38.2%)	40 (22.5%)	49 (27.5%)	17 (9.6%)	4 (2.2%)
	山地民	108 (44.4%)	74 (30.5%)	32 (13.2%)	11 (4.5%)	18 (7.4%)
3. お金がない から	タイ族	33 (18.5%)	36 (20.2%)	34 (19.1%)	70 (39.3%)	5 (2.8%)
	山地民	64 (26.3%)	50 (20.6%)	39 (16.0%)	70 (28.8%)	20 (8.2%)
4. 父母が決め たから	タイ族	59 (33.1%)	21 (11.8%)	23 (12.9%)	72 (40.4%)	3 (1.7%)
	山地民	49 (20.2%)	32 (13.2%)	31 (12.8%)	110 (45.3%)	21 (8.6%)
5. 知人に勧め られたから	タイ族	67 (37.6%)	29 (16.3%)	26 (14.6%)	51 (28.7%)	5 (2.8%)
	山地民	99 (40.7%)	57 (23.5%)	24 (9.9%)	49 (20.2%)	14 (5.8%)
6. 僧侶に勧め られたから	タイ族	54 (30.3%)	28 (15.7%)	20 (11.2%)	72 (40.4%)	4 (2.2%)
	山地民	92 (37.9%)	41 (16.9%)	28 (11.5%)	64 (26.3%)	18 (7.4%)

が決めたから」よりも「知人に勧められたから」「僧侶に勧められたから」と回答した生徒が多かった。

　そもそも、生徒たちはみな仏教徒なのだろうか。出家して見習僧（サーマネーン）になることが仏教学校への入学条件として定められているため、生徒たちはみな仏教徒である。ただし、山地民はもともと独自の民俗信仰を持っており、仏教は後から入ってきた信仰であることから鑑みると、家族は必ずしも仏教徒であるとは限らないかもしれない。そこで、山地民に限定して、生徒の父母の信仰についてアンケート（複数回答可）で尋ねてみた。

　「父親の信仰」をみると、「仏教」が214人（88.1％）、「民俗信仰」が7人（2.9％）、「キリスト教」が9人（3.7％）、「不明・無回答」が14人（5.8％）であった。「母親の信仰」をみると、「仏教」が211人（86.8％）、「民俗信仰」が11人（4.5％）、「キリスト教」が7人（2.9％）、「不明・無回答」が14人（5.8％）であり、大多数が仏教徒であることがわかる。タイにおいては土着の信仰である民俗信仰と仏教が融合している現状があるため、「民俗信仰」という回答はイメージしにくかった可能性がある。特筆すべきところは、キリスト教徒が一定数いることである。父母がキリスト教徒であると答えた生徒は全員カレン族である。20世紀初頭にカレン族の間でキリスト教が普及した影響により、現在でもキリスト教を信仰するカレン族が一定数いる。キリスト教徒の子どもが仏教学校進学を選択する要因については、今回詳細な追究ができなかったため、今後のさらなる研究が必要となる。

（3）エスニシティに関わる意識

　山地民の生徒たちは、それぞれ民族の言葉を持っている。彼らは学校教育を受けるに当たってはタイ語を使用する。学校教育を通したタイ語の浸透は、国民がタイ・アイデンティティを持ち、国が一つにまとまるために重要な施策として位置づけられてきた。一方、仏教学校を含めた学校教育で民族語をほとんど使わないため、民族語の存続が危惧される。

　民族語の使用状況を検討するために、「父母とは何語で話しますか」という質問を立て、「民族語中心」「タイ語中心」「民族語とタイ語の半々」の3つの選択肢から回答を得た。回答結果は、「民族語中心」が148人（60.9％）、「タイ語中心」

が37人（15.2％）、「民族語とタイ語の半々」が52人（21.4％）、「無回答」が6人
（2.5％）であった。「民族語」と「民族語とタイ語の半々」で8割以上となっており、
生徒の家庭では民族語が使われていることがわかった。

　「仏教」はタイ・アイデンティティの形成にとって重要なファクターである。
タイ・アイデンティティの指標である「ラック・タイ」の意識について聞くため
に、①「あなたはタイ人だと思いますか」という質問と、②「あなたは国王・僧
侶を尊敬しますか」という質問をし、それぞれ四件法で回答を得た。

　「あなたはタイ人だと思いますか」という問いに関しては、「タイ人」（ナショ
ナル・アイデンティティ）に加え「民族人（自分の民族）」（エスニック・アイデ
ンティティ）も尋ねている。この2項目について196人から有効回答を得た。表
4はナショナル・アイデンティティとエスニック・アイデンティティについて
「4．強い」「3．やや強い」「2．やや弱い」「1．弱い」の回答をまとめてクロス
スで集計したものである。表4をみると、「タイ人」と「民族」の両方のアイデン
ティティを強く持つ生徒が最も多いことがわかる。全体的にはナショナルより
もエスニック・アイデンティティの方が強い傾向がみられた。エスニック・アイ
デンティティを強く持つ生徒は144人（73.5％）であった。やや強いまで含める
と、174人（88.8％）であった。拙稿（2018）はモン族村の小学生のエスニック・
アイデンティティを二件法で調査し、80.5％で高かったとした。一方、拙稿（2020）
は仏教学校1校の事例調査で、生徒のエスニック・アイデンティティは58.7％で
やや低く、タイ人と民族の複合アイデンティティは24.0％であると論じた。しか
し、これは質問の仕方に問題があり、複数の項目の中からアイデンティティが強
いものを複数選択させるものであった。拙稿（2020）では、ほかの項目も総じて
低い結果であったことがその証左である。しかしながら、今回四件法で質問した
ことにより、仏教学校の山地民の生徒のエスニック・アイデンティティは、仏教
学校という特殊性の中でも強く保たれていることが明らかとなった。

　一方で、国民統合教育の影響もある。「あなたは国王・僧侶を尊敬しますか」
という質問に対しては、それぞれ230人から有効回答を得られた。「国王」に関
しては、「4．尊敬する」が180人（78.3％）、「3　やや尊敬する」が33人（14.3
％）、「2．あまり尊敬しない」が7人（3.0％）、「1．尊敬しない」が10人（4.3％）
であった。「僧侶」に関しては、「4．尊敬する」が171人（74.3％）、「3．やや

表4　仏教学校の生徒のアイデンティティ

	タイ人 4．強い	タイ人 3．やや強い	タイ人 2．やや弱い	タイ人 1．弱い
民族 4．強い	89人 (45.4%)	27人 (13.8%)	10人 (5.1%)	18人 (9.2%)
民族 3．やや強い	8人 (4.1%)	11人 (5.6%)	4人 (2.0%)	7人 (3.6%)
民族 2．やや弱い	5人 (2.6%)	1人 (0.5%)	0人 (0.0%)	3人 (1.5%)
民族 1．弱い	3人 (1.5%)	0人 (0.0%)	1人 (0.5%)	9人 (4.6%)

尊敬する」が44人（19.1%）、「2．あまり尊敬しない」が11人（4.8%）、「1．
尊敬しない」が4人（1.7%）であった。「僧侶」は特定の人物ではなく、概念と
しての僧侶を指している。国王についても僧侶についても大多数の山地民の生徒
が尊敬の念を持っていることがわかった。タイの基本理念である「ラック・タイ」
思想が、仏教学校に通う山地民にも強く反映されていることがわかった

5. まとめ

　本稿は、タイにおける仏教学校の役割について、山地民の教育機会の観点から
分析し、それに伴うエスニシティの問題について検討することを試みた。

　調査対象の4校の仏教学校に通う生徒の約6割は山地民であった。また、山地
民の生徒の父母は十分な教育機会を得られていない人が多いことがわかった。さ
らに、タイ族と比べて山地民は標準年齢より遅れて仏教学校へ入学する傾向があ
ることがわかった。これらのことから、仏教学校は山地民に教育機会を提供する
役割を持っていると言えよう。

　仏教学校に通う生徒の約7割は、将来僧侶になるつもりがないこともわかった。
仏教学校（B校）の教員へのインタビューでも、成人してから僧侶になる生徒の
割合はわからないが多くはないと述べていた。僧侶になるというモチベーション
で仏教学校へ進学している生徒が少ないことがわかった。ただし、「仏教のこと

を学びたいから」という理由で仏教学校に進学したと回答した生徒が、山地民の生徒のうち約4分の3を占めていた。このことは、山地民社会にも仏教が浸透していることを示しており、山地民の生徒たちが仏教学校を積極的に選択していることを意味している。仏教学校で学ぶ山地民の生徒は、仏教学校に中等教育の機会を求めつつも仏教について学ぶ意欲があって進学していると考えられよう。

　アイデンティティの面では過半数の生徒が「民族」と「タイ人」の複合アイデンティティを持つことがわかった。ラック・タイの象徴である「国王」「僧侶」に関しても大多数の生徒が尊敬の念を持っていることがわかった。ただし、国王に関しては不敬罪があるため、正直に答えづらいこともあろう。生徒は校内でタイ語を使いながら、家庭では民族語を使用しているという実態もわかった。また、仏教学校への進学要因やアイデンティティの分析において、学校間で大きな差が見られなかった。

　今後の研究課題として、仏教学校を卒業した生徒が社会でいかなる活躍をしているのかについて探究し、仏教学校の社会的役割についてさらに明確にしていきたい。また、多面的な調査を通して、仏教学校への進学要因について詳細に分析したい。

【注】

1）「2018年社会・文化・精神的健康状況調査報告書（タイ語）」、「2019年上半期の世帯社会経済状況の調査（タイ語）」、「地域別労働力調査（タイ語）」の各資料は、タイデジタル経済社会省国家統計局HPからアクセスできる（http://www.nso.go.th/sites/2014/）（アクセス日：2020年5月17日）。

2）坂元（2003）は論文中で「寺院学校」と表記しているが、本稿における「仏教学校」と同意である。

3）村田（2007）p.18を参照。求心的作用とは、同一の教育を施すことにより、国民統合を促進する機能である。

4）タイデジタル経済社会省国家統計局の統計区分における「バンコク首都圏」は、バンコク都、ノンタブリー県、パトゥムターニー県、サムットプラーカーン県の1都3県のデータであるのに対し、表1はバンコク都のみのデータである。

5）タイの中等教育はマタヨムといい、学年はM1からM6と表わされる。1年生はM1（モーヌン）、日本の高校3年生に当たる学年はM6（モーホック）と呼ばれる。

6）チベット・ビルマ語族に属し、カレン語系言語を母語とする山地民の一つ。現在、ミャンマー側に300万人以上、タイ側では山地民に数えられる人々のうち最大の38万人強が居住する。（出典：速水洋子「カレン」、日本タイ学会編『タイ事典』pp.97-98、2009年）

7）ミャンマー連邦シャン州を中心に居住するタイ系民族。推定人口約15～20万人（タイ国

籍者）。タイヤイは平地に居住する水耕稲作民で、仏教実践や文字など文化的にはビルマ族からの影響を受けている。（出典：村上忠良「タイ・ヤイ」『タイ事典』p.232、2009年）厳密にはタイヤイは山地民に含まないが、タイ系タイ族とは異なる社会的・文化的背景があるため、本稿では少数民族として山地民と同等に扱う。

【引用文献】

1）アンダーソン著（白石隆、白石さや訳）（2007）『定本 想像の共同体』書籍工房早山。
2）坂元一光（2003）「タイ教育開発と寺院学校」『九州大学大学院教育学研究紀要』第5号（通算第48号），pp.141-161。
3）村田翼夫著（2007）『タイにおける教育発展：国民統合・文化・教育協力』東信堂。
4）Ueda, S. (2018) "National Integrated Education and the Ethnic Identity of Hill Tribes: A Case of the Hmong Tribe in Thailand,"『国際教育』第24号, pp.48-62.
5）Ueda, S. (2020) "Educational Opportunities and Ethnicity Regarding Buddhist Schools in Thailand: A Case Study of Doisaket Phadungsasana School in Chiang Mai Province,"『早稲田大学大学院教育学研究科紀要』別冊27 - 2, pp.25-38.
6）Phra Krupariyatti, W., Ladawan. T., and Yurachai, S. (2017) "The Development of Management Model in Information Communication and Technology in Pra-pariyatti-dharma School, General Education Division, Group 10," *Dhammathas Academic Journal*, 17(3), pp.129-138.（タイ語）
7）Phra Sommai, C. (2017) "Participatory Academic Affairs Management Model of General Education Division in Phra Pariyattitham Schools in Sakon Nakhon Province," *Journal of Pacific Institute of Management Science*, 3(2), pp.23-31.（タイ語）

ABSTRACT

Roles of Buddhist Schools in Thailand:
Educational Opportunities and Ethnicity for Hill Tribes
UEDA Satoshi
(Nishikyushu University)

<Key words : Buddhist schools / education for minorities / security of educational opportunities / assimilation and multiculturalism>

This paper attempts to analyze the role of Buddhist schools, one of the secondary educational institutions in Thailand, from the perspective of educational opportunities for hill tribes and problems of their ethnicity associated with the national integrated education.

This paper addresses three issues. The first is what kind of students Buddhist schools accept, while the second is the purpose students attending Buddhist schools have in terms of Buddhism and Buddhist schools. By analyzing these two issues, we can clarify the roles of Buddhist schools. The third issue examines matters of the ethnicity of hill tribe students attending Buddhist schools in relation to Lak Thai, the national integrated education system. Particularly, the impact of the negative effects of education at Buddhist schools are examined from the perspective of "multiculturalism."

For the study on which this paper is based, the author conducted a questionnaire survey on students at four Buddhist schools in Chiang Mai Province, Thailand in February, 2020.

The following are the results on the first issue. About 60% of students attending the four Buddhist schools surveyed were from hill tribes. It was found that the parents of many of these students did not have sufficient educational opportunities. In addition, it was found that students from hill tribes tend to enter Buddhist schools later than the standard age, as compared to members of the Thai ethnic majority. From these findings, it can be said that Buddhist schools have a role in providing educational opportunities for hill tribes.

Regarding the second issue, it was found that about 70% of students attending Buddhist schools did not intend to become monks in the future. Interviews with a teacher at Buddhist schools also revealed that the percentage of students who became monks after adulthood was unknown, but not high. Although the majority of the student's parents were Buddhists, some Karen might be Christians. Since there were few students who entered study with a motivation to become monks, it was likely that they joined Buddhist schools to seek secondary educational opportunities. However, students tended to be interested in Buddhism before entering Buddhist schools. This means that Buddhism has permeated the community among hill tribes.

In terms of the third issue, it was found that the majority of students from hill tribes had a composite "ethnic" and "Thai" identity. It became clear that students of hill tribes at the Buddhist school had a strong ethnic identity. The majority of students also respected the "King" and "monks", which are the symbols of Lak Thai. This means that students of hill tribes were influenced by the national integrated education. It was also found that while hill tribe students used Thai in the school, they used ethnic languages at home.

中国土家族居住地における二言語教育政策が消滅危機言語の継承に果たす役割 —湖南省湘西土家族苗族自治州の『試点学校』に焦点を当てて

程　薇嘉
（名古屋大学大学院）

〈キーワード：「試点学校」／ 文字を持たない少数民族 ／ 危機言語 ／ 二言語教育 ／ 混住地域〉

はじめに

　多数派の漢族と55の少数民族で構成される多民族国家の中国において、重要な少数民族教育政策となっているのが民族語と漢語の二言語教育である。従来、南方少数民族は、文字を持たない民族が多く、これらの少数民族は主に漢語を用いて教育を行ってきた。しかし、近年、民族語を教える科目がカリキュラムに導入される現象が南方少数民族地域で見られ、民族語・漢語の二言語教育が増えている。そこで、本稿は文字を持たない南方少数民族の一つである土家族の居住地において、近年特に土家語・漢語の二言語教育に力を入れて取り組む初等教育段階の「試点学校」を考察の対象とする。土家語に着目する理由は、土家語が文字を持たない言語であるために早くから漢語の影響を強く受け、現在は言語存続の危機にあるなかで、学校で行われる二言語教育が言語の存続に果たす役割、すなわち言語継承に果たす学校の役割を考察できる点にある。

　2010年第6回人口センサスによると、土家族の総人口は約835万人であり、中国では、第8番目に人口の多い民族である[2]。しかし、文字を持たない土家族は始皇帝の時代から漢化され、2014年のデータによると土家語の話者人口は土家族総人口の3％しかいない。土家語の話者人口が減少する傾向に対して、湘西土家族苗族自治州の政府は2008年に湖南省の土家族苗族自治州を対象にいくつか

の「試点学校」を選定した。それらの「試点学校」では土家語を教える教科が導入され、土家語の復興が模索されている[3]。

　1980年代、中央政府は少数民族地域の生徒たちの「双語能力」[4]を高め、「民漢兼通」[5]の人材を育成するために、民族居住地における二言語教育の試行を指示した。「試点学校」は、自民族言語と漢語の二言語教育を試行的に実施するために選定された学校である。何俊芳によると、この時期の二言語教育の試行には以下の3つの特徴が挙げられる（何俊芳1998、pp.107-120）。第一に、多くの少数民族自治地域が対象となり、対象地域は広域に及んだ点である。例えば南西部に位置する貴州省の苗族、布依族、彝族の居住地や、東北部に位置する黒龍江省の朝鮮族の居住地など、多くの少数民族自治地域で「試点学校」が選定された。第二に、試行が三つの類型すなわち、漢語導入の類型（少数民族言語の使用頻度が高い地域）、少数民族言語導入の類型（漢語の使用頻度が高い地域）、漢語と少数民族言語導入の類型（集住性が高い少数民族居住地の都市部）にもとづいて実施された点である。第三に、試行の結果、成果が認められた地域と、成果が認められずに中止になった地域に分かれた点である。

　本稿が対象とする湖南省湘西土家族苗族自治州の二言語教育は、上述の類型のなかで少数民族言語導入の類型に属する。前述したように土家語はもともと文字がない言語であったが、1986年に『土家語ピンイン方案』[6]の作成によって、ピンイン文字によって表記されるようになった。そのピンイン文字を使用することにより、はじめて土家語のテキストが編纂され、土家語・漢語二言語教育が開始された。湘西土家族苗族自治州における「試点学校」は、まず自治州内で3つの「試点学校」が選定され、2人の教師によって90人の生徒を対象に始まった。数年後、「試点学校」は10校に増加し、生徒数280人、教師12人に増加した。しかしながら、結果的に成果が認められず、土家語・漢語二言語教育の「試点学校」は数年後に停止された。ただし、これらの「試点学校」は、最初に土家語を教科として導入した学校として一定の効果があったと指摘する研究者も存在する（葉徳書1995）。その後、湘西土家族苗族自治州州政府の指示により2008年、自治州龍山県にある靛房鎮坂脚小学校、靛房鎮中心完小小学校、靛房鎮初級中学校、他沙郷中心完小小学校の4校および、永順県にある対山初級中学校で新たに「試点学級」が設置されるなど、土家族自治州の二言語教育は再び試行されつつある[7]。

中国の二言語教育に関する先行研究には、集住性が高い、つまり漢族と混住していない少数民族を対象とするものが多い。これらの研究は少数民族言語の使用頻度が高い地域に関心が集中し、漢語の普及が主要なテーマとなりがちである（岩佐1983、小川2001、岡本2008、趙2016）。例えば、趙（2016）の研究では、中国東北部の単一少数民族である朝鮮族に着目し、朝鮮族学校の二言語教育の実態とその変容について論じている。また、岡本（2008）の研究では、中国の朝鮮族、モンゴル族、ウイグル族、チベット族などの少数民族教育について論じているが、漢族と混住する南方少数民族については充分に論じられていない。そのため、漢族と混住状況にあり、言語使用者が著しく減少している少数民族の事例研究はわずかで、言語の保護が中国でどのように図られているかが明らかにされていない。

　土家語に関する先行研究は段（2000）、陳（2006）、劉（2006）などが挙げられるが、それらの研究には二つの傾向が見られる。第一に、土家族の歴史・文化の研究、土家語の言語学的研究を中心とするものが多い（段2000、陳2006）。第二に、土家語の使用頻度が高い地域での研究がほとんどである（例えば、劉2006）。しかし、土家族人口の90％は漢語の使用頻度が高い混住地域に居住しており、先行研究が対象とする状況は特殊であるといえる。土家族全体を代表する一般性を表しているとはいえない。

　本論文は、南方少数民族のなかでも漢族と混住する土家族の漢化された地域に着目することにより、混住地域で行われる二言語教育の特徴を明らかにするものである。今日すでに日常生活や学校などの使用言語ではなくなっている言語存続の危機にある土家語に対して、学校で行われる二言語教育が言語の存続に果たす役割、すなわち言語継承に果たす学校の役割を考察する。

1. 研究方法および調査対象

（1）研究方法

　文献調査の他、2019年3月にフィールド調査を行った。調査内容は現地教育局における資料収集とインタビュー、A試点学校を中心とするインタビュー調査と授業観察である。二言語教育の実施状況にあたっては、まず、調査地の教育庁を訪問し、「試点学校」の二言語教育を州政府はどのように監督しているのかにつ

いてインタビューを実施した。また、Ａ試点学校で現地調査を行い、使用している教科書、土家語のテスト、及び授業の実態などを調査した。特に、調査地の学校では、教師自身が作ったデジタル教材を使った4年生の土家語授業を詳しく観察した[8]。

　Ａ試点学校では3名のそれぞれ10年以上の職歴を持つ土家語教師、4年生42名の児童を対象にインタビューした。児童の民族構成は、土家族34名、苗族3名、漢族5名であった。また、土家語教師は全員土家族である。インタビューでは、教師に対しては、教授内容、教科書作成、カリキュラム編成について、児童に対しては土家語授業に参加する動機付けや、態度などについて質問を行った。

（2）調査対象

　調査対象のＡ試点学校は湖南省に位置し、県レベルの教育局が管轄している公立学校である。Ａ試点学校は九年制学校で、一学年に一学級のみの小規模な学校である。生徒の年齢は6歳から15歳までである。Ａ試点学校を考察の対象として選んだ理由は以下の4点である。第一に、2008年から土家語授業を開始してすでに10年以上の歴史があり、かつ土家族の舞踊や歌を教える授業も設置しているため、幅広く土家語・漢語二言語教育の発展を見ることができる点である。第二に、九年制学校であるため、小学校から中学校までの一貫した二言語教育を観察することができる点である。第三に、Ａ試点学校は「試点学校」として、毎年州政府の視察を受けている点である。最後に、州政府から先進的学校として、また先進的教師がいる学校として多数の賞を受賞し、財政支援も手厚く受けている点である。

　2019年時点でＡ試点学校に在籍する授業担当の教師は16名である。そのうち土家語授業の担当教師は3名で、土家語授業の実施学年は4，5年生および初等中学1年生である。前述の2008年「学校民族団結教育指導綱要（試行）」では民族教育の実施を小学校5〜6年生としているが、Ａ試点学校では土家語・漢語二言語教育の先進的な学校として試行的に3つの学年で実施されている。なお、小学校6年生ではなく初等中学1年生で教えられているのは、進学試験を控えた6年生の学業負担を軽減するためであり、このような柔軟な措置が可能なのは州政府から先進的学校として認知されていることによる。

2. 中国の少数民族教育政策と土家族の言語保護に関する議論

　本節ではまず、中国の少数民族教育政策と土家族の言語保護に関する議論を概観しておきたい。中国における少数民族文化に関する保護政策は2005年まではほとんどなされていない。2006年4月発効のユネスコ「無形文化遺産の保護に関する条約」では、「口承による伝統および表現などといった無形文化遺産について、締約国が自国内で目録を作成し、保護措置をとること」[9] が規定されている。この条約の締約国である中国は2005年に非物質文化的遺産を保護することに関する通達[10] を発表した。その通達に基づき、国務院は2006、2008、2011、2014年の計4回、1372の国家レベル「非物質文化遺産」を公表し、土家族については計25の項目が示されている。そして、そのなかで土家語に関わる項目は文学、音楽、民俗の領域で計13の項目を占めている[11]。

　また、前述の通達と同年の2005年に出された「『中華人民共和国民族区域自治法』若干規定」では、少数民族居住地における民族言語・漢語二言語教育の促進のため、国が財政支援、教師研修など様々な面で二言語教育を支援することの必要性が示されている。一方、同年2005年の『中共中央、国務院関于進一歩加強民族工作加快少数民族和民族地区経済社会発展的決定』では、少数民族居住地における「普通話」いわゆる漢語の普及を積極的に奨励すると規定されており、上述の若干規定とは一見矛盾するように思われる。ただし、両者の強調点には違いがみられる。つまり、前者が少数民族文化の継承の観点から民族言語・漢語二言語教育の促進が強調されているのに対し、後者は経済発展の観点から経済言語としての漢語の普及が不可避であることが強調されている。この背景には、目覚ましい発展を遂げている沿岸部に比べ、多くの少数民族居住地では経済発展が立ち遅れているという深刻な課題がある。政府が両者を同時に強調することにより、民族言語の継承を促進しつつ、立ち遅れた経済を発展させるために漢語の普及も促進するという、現実的には両立が困難とも思われる課題の達成が少数民族居住地には求められているといえる。

　民族言語教育に関する2005年以降の主な政策としては、2008年「学校民族団結教育指導綱要（試行）」が挙げられる。この綱要の第3章「学校民族教育の内容」の中では、小学校5、6年生のカリキュラムとして言語の習得は、民族習慣、著

名人物といった教育内容と並んで挙げられ、この3点の指導の徹底が記載されている。ここからは、学校を民族言語や文化の継承に重要な役割を果たすものとして政府が認識していることが読み取れる。

　以上の国レベルの政策や通達を踏まえ、次に湖南省で行われている土家語・漢語二言語教育に関わる州レベル政策と実施方案を検討したい。具体的には、本論文の調査対象校であるＡ試点学校の実施方案である2008年の「土家語保護基地双語双文教学試点方案」と2010年の「第二批双語文教学試点工作方案」を詳しく考察する。

　表1は2010年方案を五つの項目にまとめたものである。2008年方案にはない新しい点については表1に下線を付した。「湘西州2008至2010年双語文教学工作報告」議事録によると、2008年方案の「反省点はまず、教科書が多く、難易度もそれぞれ違うことであった。児童が小学校段階ですべてを把握することは難しいと思われる。また、土家語の教育内容は言語に限らず、土家族の伝統文化も教えられるべきである」と述べている。この会議は、2008年から実施し始めた土家語・漢語二言語教育をめぐり、現場の教師や校長などの関係者に二年間の経験を踏まえて、反省点や意見を交流する場であった。この会議のもと、2008年方案の訂正が行われ、新しい方案として2010年方案が出された。

表1　2010年「第二批双語文教学試点工作方案」抜粋

指導思想	必ず共産党の指導のもとに実施すること。
教育目標	1.　規範的に、流暢に話せ、使えること； 2.　正しく書くこと、短い文章を作ること； 3.　民間の伝統文化を収集し、記録すること； 4.　民間の芸能を把握すること； 5.　二言語教育の学習計画と方法を探索し、まとめること； 6.　効果的な民族文化の保護と伝承の方法および普及の方法を探索すること。
教材	小学校：『土家語課本』1－4冊；中学校：『土家・漢双語課本』[12]
授業	毎週2回の土家語授業；毎週の課外活動時間における民族文化伝承活動
教師	1.　二言語教育の担当教師を各「試点学校」に配置すること。 2.　担当教師は仕事に熱意があり、自民族の言語に詳しいこと、自民族の教育事業を愛すること。 3.　普通話は「二甲」[13]レベルに達すること。

出典：「第二批双語文教学試点工作方案」をもとに、筆者が翻訳し作成。

2010年方案と2008年方案と比べると主に四つの変化が見られる。第一に、新たに「指導思想」という内容が加えられた。つまり、明白に共産党の思想である「科学発展観」の指導で実施することが記載されている。第二に、「目標」には、「読む、話す」のほか、新たに「書く、文章を作る」が加えられた。同時に、土家語・漢語二言語教育の教学方法の探究が求められている。第三に、「授業・教材」の変化である。まず、小学校で使用する教材が『土家語課本』に変更となった。この教材は2010年方案に従って、新しく編纂されたものであり、内容は2008年方案で使用された『土家・漢双語読本』よりも簡単かつ基礎的である。また、中学校で使用する教材に関しては、2008年方案では各学年で異なる教材が使用されていたが、2010年方案では『土家・漢双語課本』の一つに統一された。さらに、「土家語」科目以外に、新たに毎週課外活動時間を利用して民族文化伝承活動が行われるようになった。第四に、「担当教師」について、2010年方案は教師の質に条件が付けられた。特に教師の漢語能力は必ず「二甲」レベルが求められるようになった。

　二つの方案の比較から、近年、少数民族教育政策には政府側の政治思想の影響が強くなってきていることが推察される。また、「試点学校」の土家語・漢語二言語教育については教材をより簡潔にする一方、教育目標を「書く」レベルまで上げていることが分かる。加えて、授業以外の課外活動を利用した土家族の伝統文化の継承が強調されるようになっている。最後に、教師の漢語能力に条件を付けた点である。しかし、土家語がすでに使用言語（学校・社会・家庭）でなくなっている状況のなかで、教師の漢語能力だけを保証することの意味は問われるべきであるように思われる。

3. 調査

（1）A試点学校における二言語教育

　本稿では土家語の授業が開始される4年生の授業観察をもとに二言語教育の実践を考察する。4年生の児童数は42人、その中で土家族は34人、苗族3人、漢族5人である。クラス内では土家族が多数派であるが、民族が異なる漢族、苗族も共通の内容を学んでいる。

表2　A試点学校4年生の一週間のカリキュラム概要

教科	数学	語文	英語	科学	土家語	音楽	体育	その他（8科目）[14]
授業数	11	9	4	3	2	2	2	12

出典：A試点学校提供のカリキュラム資料をもとに、筆者が翻訳し作成。

　表2は一週間の各教科の授業数を示している。このなかで、土家族文化に関わる科目は土家語、音楽と体育である[15]。週当たりの授業時間のなかで、音楽、体育、土家語授業はそれぞれ計2回、毎回45分で行われる。

　土家語授業の教材は主に3種類ある。葉徳書により光明日報出版社から発行された『土家・漢双語読本』、湘西自治州民族事務委員会によって編纂された計四冊の『土家語課本』、そしてA試点学校の土家語教師が編纂した『土家語日常用語30句』である。4年生では『土家語課本』1・2冊が使用されている。この教科書を用いて、主に土家語ピンインを中心に学習する。学習目標は単語が読めて、簡単な文を作成できることである。5年生は『土家語課本』3・4冊を使用し、主に文法を中心に学習する。学習目標はより多くの単語を覚え、語彙を増やし、命令文や説明文など難しい文を作ることができるようになることである。初等中学1年生は『土家・漢語双語読本』、『土家語日常用語30句』を使用する。学習目標は文章を理解し、土家語の歌を歌えるようになることである。このように、学年が上がると授業内容も段階的に難しくなっていることが分かる。

　小学校で使用されている『土家語課本』は2010年に新しく編纂された教材である。その編纂の経緯は教科書のあとがきに記載されている。そこでは、「2008年に開始された試点学校における2年間の教授経験を通して、小学生の児童にとって学習しやすい教科書の編纂が求められるようになった。」[16]と編纂の目的が述べられている。編纂の過程についてみてみると、2010年7月11日に教学検討会が開かれ、各冊の著者と編纂者が決められた。さらに、教材の質向上を目的として2012年9月に二回目の編纂が行われた。編纂に際しては多くの書籍を参考に、一字一句、丁寧に編纂されたという。ここからは、土家語教師たちによる、教科書編纂に対する多大な尽力が理解される。

　4年生の土家語授業では、『土家語課本』1が使用され、漢語で土家語ピンインの使い方について教えられていた。例えば「回忆/Songxkovdief」は「記憶」を

意味する単語であるが、左の「回忆」は漢語の文字を使用した表意文字、右の「Songxkovdief」は土家語ピンインを使用した表音文字である。教師はこのような組み合わせで土家語を教える。

　Ａ試点学校の事例から、土家族教師による土家語教科書の編纂が重要であることが分かる。また、土家語授業の他、音楽と体育でも土家族文化が教えられていた。以上の考察からは民族教育の内容が充実してきていることが理解された。ただし、現在「試点学校」では、小・中学校段階のみで二言語教育が行われている。高校ではこれらの授業は行われず、二言語教育の環境は小・中学校段階に限られていることが明らかになった。また、児童の民族の別なく、苗族や漢族の児童も土家語授業で同じ説明を受け、学習していることが観察から明らかになった。

(2) インタビュー

　次に教師と児童の意識の面に焦点をあて、インタビューから土家語教育の現状を示したい。なお、土家族以外の回答は、土家族の児童の回答と区別して分析を行った。

①児童全員の意識

　質問①「土家語の授業を受ける前から、土家族が自民族の言語を持つことを知っていたか」という質問に対して、「知っていた」と答えた児童は10名、「知らなかった」と答えた児童は32名であった。ここから児童たちは土家族自治区に居住しているにもかかわらず、土家語を日常的に接触する機会がほとんどないことが推測できる。しかし、質問②「土家語の授業が好きか」という質問に対して、児童全員が「好きだ」と答え、すべての民族の児童が土家語学習を肯定的に捉えていた。特に、37名の児童が土家語の授業は重要であると答え、そのうち27名の児童が自主的に土家語を勉強していると回答した。多くの児童が土家語の授業に積極的な学習意欲を持っていることが分かった。

②土家族の児童と土家族以外の児童の土家語教育に対する意識の差異

　次に土家族児童と土家族以外の児童に同じ質問を尋ね、以下の回答を得た。質問①「土家語授業が好きになる理由」という質問に対して、土家族の児童たちは「自分は土家族なので、土家語を話すべき」と回答した。一方、土家族以外の児童からは「たくさんの言語を勉強したいから」、「授業でデジタルテレビを使うか

ら面白い」、「宿題がないから」などの回答が得られた。土家族児童たちが土家語に深い愛着をもつ一方、土家族以外の児童たちには、言語に対する純粋な関心のほか、教授方法や宿題がないといった外面的動機付けも見られる傾向となった。

次に質問②「土家語ができることを誇りに思いますか」という質問に対しては、32名の児童が土家語を話せることに誇りを感じていた。その理由をみてみると、土家族の児童たちは、「私は土家族として、自民族の言語を勉強すべきだ」、「他の民族が土家族の家に遊びに来る時に、土家語で招待すると丁寧であるし、自分にとっても嬉しい」、「土家語を世代から世代へと継承していきたいから」といった回答が得られた。これらの回答からは土家族児童の強い学習意欲が感じられる。また同時に、土家語学習を通して、自民族に対する土家族児童の肯定的な意識が培われていることが理解できる。一方、土家族以外の児童からは、「土家語を勉強することは有意義だ」、「歌が好きで、土家語の歌を歌えるとかっこいいから」、「土家語の授業は面白くて好きだ」といった回答が得られた。これらの回答からは、土家族以外の児童が土家語学習に対して積極的な意義づけを行っていることがわかる。ただし、土家族以外の児童の場合、趣味や好みといった外面的な側面から土家語を自己成長に有益なものとして認識していることも明らかになった。

③土家語教師の意識

　土家語授業を担当する教師たちはもともと語文や数学などの担当教師であり、土家語の担当教師ではない。そのため、基礎から土家語を勉強してきたという経歴を持つ。教師らは土家語を教える指導者でありつつ、同時に土家語を勉強する学習者でもある。以下では教師に対する4つの質問とそれぞれの回答をまとめた。

　質問①「なぜ土家語教師になりましたか」という質問に対して、ある教師は「自分は土家族の一人として、土家語を継承していきたい。また、月給はほかの科目より2000元高く、給与面での優遇がある。さらに、州政府からは土家語の研究経費として毎年2000元が与えられる。土家語の研究で受賞し、教師資格を高級教師資格にランクアップできれば、さらに給料は高くなる」と答えた。

　次に、質問②「なぜ苗族・漢族の児童にも土家語を教えますか」という質問に対して、教師は、「ここは土家族の居住地なので、苗族と漢族の児童は土家族と混住しており、同じように見なされる」と答えた。

　質問③「土家語の将来に対してはどう思いますか」という質問に対して、教師

は「おそらく土家語は消滅すると思うが、今私たちはできるだけのことをして、そのスピードを遅らせたい。政府は現在土家語を非常に重視しているため、もし私たちのような人が増えれば、土家語が残る希望はまだある。もし日常言語として使われなくなっても、地名や観光地の中に土家語を残したい」と答えた。

質問④「今土家語・漢語の二言語教育の実施に一番困難なことは何ですか」という質問に対して、教師は「私たちの土家語能力が低すぎることが一番の心配だ。私たちはもともと土家語を話せず、2008年に政府のトレーニングを受けて、ゼロから土家語を勉強し始めた。今でも、授業で質問に答えられない場合は、自分の土家語の先生に聞きに行き、次回の授業で児童たちに答える」と述べた。

上述の回答からは教職員が土家語授業に対して相反する感情を抱えていることが分かる。つまり、土家語教師になった動機については、給料がよいという外発的な動機づけが見られる。反面、土家族のアイデンティティを守ることを目指す強い内発的な動機付けも見られる。また、土家語は将来消滅するという悲観的な将来像が見られたが、他方で多民族児童を土家族のように見なすという認識に、土家語学習を通じた民族感情の表現も現れているといえる。こうした民族感情を源として、土家語教師が独自の教材を作成したり土家語上級者に師事するなど、アイデンティティ継承への使命感が見られる。

A試点学校の場合、保護者からは土家語授業を強く支持する意見がみられ、特に土家族の児童は強い学習意欲をみせた。他方で、民族によってその動機づけに差異が見られた。こうした状況について教師は、土家族文化の当該地域での優位性を強調する一方、土家語の将来について悲観的見方を挙げるなど、土家語使用の現状と将来の予想に隔たりも見られた。

おわりに

本論文では、A試点学校を事例に、中国の土家族居住地における土家語・漢語二言語教育を考察した。学校で行われる二言語教育が消滅の危機にある土家語の存続に果たす役割、すなわち言語継承に果たすA試点学校の役割は以下の2点にまとめられる。

第一に、土家語を日常的に話す土家族人口が世代を追うごとに減少する状況のなかで、A試点学校の継続的な土家語・漢語二言語教育の取り組みは土家語の維持・継承に重要な機能を果たしている。特に、もともと土家語を話すことができなかった土家語教師自身が児童たちに教える機会を通して改めて自発的に土家語を学び、教材を開発する姿は、消滅の危機にある土家語継承の一つのモデルであるといえる。つまり、学校での二言語教育の取り組みは、土家語教師に対してプラスの効果を生み出している。

　第二に、A試点学校の二言語教育は土家族児童に自らの言語である土家語の学習機会を提供し、児童たちの少数民族アイデンティティの形成につながっていると考えられる。調査からは土家族児童が積極的に土家語学習に取り組んでいることが明らかになった。特に、土家族が自民族の言語を持つことさえ知らなかった児童が、二言語教育を通して自民族の言語にふれる機会を持つことができる意味は大きいと考えられる。また、A試点学校では土家語の授業以外に土家族の舞踊や歌を学ぶ授業も設置されており、児童が土家族の文化を総合的に学習できるように工夫されていた。このことも土家語の継承と児童のアイデンティティ形成に重要な役割を果たしていると考えらえる。

　一方で、課題も浮かび上がった。第一に、土家族児童と他民族の児童が共に土家語授業を学ぶ環境は、消滅の危機にある言語の継承という点でジレンマを抱えている。A試点学校では、学習者の能力に応じて、また民族混合の授業であるという点をふまえて柔軟に授業内容が構成されており、土家族の児童にとっても他民族の児童にとっても学習しやすい土家語・漢語二言語教育が目指されていた。このことは自民族つまり土家族児童にとっての土家語学習に加え、他民族児童にとっての他民族言語の学習という、混住地域における新たな二言語教育の展開を考える上で興味深い事例となっている。しかし、民族言語の維持・継承という目的からみた場合、学習内容を必要以上に簡素化することには慎重であらねばならない。ここに民族混住地域で行われる二言語教育の難しさが表れているといえる。

　第二に、土家語教師の問題が挙げられる。調査からは、熱心に取り組む教師がいる一方で待遇の良さに惹かれて土家語教師になる教師がいることも明らかになった。土家語教師の養成という観点から、一定のインセンティブを与えることは重要であるものの、それがマイナスに作用しないように考慮することは必要であ

ると思われる。

　第三に、土家語がすでに日常言語ではなくなっている状況のなかで、また民族混住地域の共通言語として漢語への偏重が避けられない点である。漢語の優位性は現状では変えることは困難であるが、漢語への過度な偏重に対しては慎重であらねばならないだろう。

　以上のように、多くの課題を抱えながらも、学校で土家語が教えられ、継承されることの意義は大きい。特に、Ａ試点学校で教師と児童の二世代が消滅の危機にある土家語の学習の機会を得ていることは、土家語の継承からみると重要であると思われる。そしてこのような機会は学校だから可能になっているともいえる。

　最後に、本稿では民族混住地域のＡ試点学校を考察したが、二言語教育の方法や課題は学校が置かれた社会環境によって大いに異なることが予想される。そのため、今後は異なる社会環境で実践される土家語・漢語二言語教育との比較考察も必要である。これらについては今後の課題としたい。

【注】

1）「試点学校」とは、土家語教育の普及のため、試験的に選定された学校である。
2）2010年第6回目人口センサスによると、人口順に、漢族、壮族、回族、満族、維族、苗族、彝族である。
3）1986年に『土家語ピンイン方案』が作成されたことにより、土家語はピンイン文字によって表記されるようになった。その後、ピンイン文字を使用した土家語を教えるための様々な教科書も編纂され、土家語が学校で教えられるようになった。
4）「二言語教育」を意味する中国語の表現である。
5）少数民族の言語・文化と漢族の言語文化を共に身につけること。
6）「土家語ピンイン方案」は1986年に、葉徳書と彭秀模により作成された。
7）中国の土司文化研究公式サイト
　http://www.zgtswhyj.com/NewsDetail.aspx?ID=608（2020年5月9日閲覧）
8）4年生の土家語生徒を観察対象にした理由は、土家語を話せない生徒に対する土家語の入門知識の学習の観察ができる。
9）日本文化庁公式サイト http://www.bunka.go.jp/seisaku/bunkazai/shokai/mukei_bunka_isan/（2020年2月26日最終閲覧）
10）国務院办公庁（2005）「国務院办公庁関于加強我国非物質文化遺産保護工作的意見」18号。
11）中国非物質文化遺産公式サイト http://www.ihchina.cn/project#target1（2020年2月26日最終閲覧）
12）2008年方案では、小学校と中学校1年生に対しては『土家・漢双語読本』、中学校2年生に対しては『土家語常用口語半月通』、中学校3年生に対しては『茅古斯』、『哭嫁詞』、『摆手歌』、『梯瑪経』が使用された。

13) 中国標準語「二級甲」レベルを指す。評価基準は計6レベルがあり、レベルの高い順番は「一級甲」「一級乙」「二級甲」「二級乙」「三級甲」「三級乙」である。
14) その他の科目は「社会」「美術」「労働」「研究」「勉強会」「書写」「パソコン」「自習」を含む。
15) 音楽・体育は土家族文化に関する内容（土家族の歌、伝統舞踊）である。
16)「あとがき」湘西自治州民族事務委員会編纂（2010）『土家語課本』1、p.46.

【引用・参考文献】
日本語文献（五十音順）
1) 岩佐昌暲（1983）『中国の少数民族と言語』光生館。
2) 石倉武四郎（1951）「中国の言語教育」『国語教育講座』加藤文明社、pp.85-95.
3) 小川佳万（2001）『社会主義中国における少数民族教育』東信堂。
4) 岡本雅享（2008）『中国の少数民族教育と言語政策』社会評論社。
5) 趙貴花（2016）『移動する人びとの教育と言語—中国朝鮮族に関するエスノグラフィー』三元社。
中国語文献（アルファベット順）
6) 陳康（2006）『土家語研究』中央民族大学出版社。
7) 段超（2000）『土家族文化史』民族出版社。
8) 何俊芳（1998）『中国少数民族双語研究：歴史与現実』中央民族大学出版社。
9) 劉倫文（2006）『母語存留区土家族社会与文化——坡脚社区調査与研究』民族出版社。
10) 中国社会科学院民族研究所、国家民族事務委員会文化宣伝司主編（1994）『中国少数民族語言使用情況』中国蔵学出版社。
教科書（アルファベット順）
11) A試点学校教師編（2019）『土家語日常用語30句』。
12) A試点学校教師編（2008）『茅古斯』。
13) A試点学校教師編（2008）『哭嫁詞』。
14) A試点学校教師編（2008）『摆手歌』。
15) A試点学校教師編（2008）『梯玛経』。
16) 湘西自治州民族事務委員会編（2010）『土家語課本』1－4冊。
17) 葉徳書（2008）『土家・漢双語読本』光明日報出版社。
18) 葉徳書（2003）『土家語常用口語半月通』民族出版社。
政府の通達（アルファベット順）
19) 国務院办公庁（2005）「国務院办公庁関于加強我国非物質文化遺産保護工作的意見」18号。
20) 国務院（2005）「『中華人民共和国民族区域自治法』若干規定」。
21) 黄天勤（2010）「湘西州2008至2010年双語文教学工作報告」議事録。
22) 教育部・国家民族委員会（2008）「学校民族教育指導綱要（試行）」9号。
23) 湘西土家族苗族自治州政府（2008）「土家語保護基地及語双文教学試点方案」11号。
24) 湘西土家族苗族自治州政府（2010）「第二批双語文教学試点工作方案」2号。
25) ユネスコ（2006）「無形文化遺産の保護に関する条約」4月発行。
26) 中共中央办公庁（2005）「中共中央、国務院関于進一歩加強民族工作加快少数民族和民族地区経済社会発展的決定」。
公式サイト
27) 日本文化庁公式サイト http://www.bunka.go.jp/seisaku/bunkazai/shokai/mukei_bunka_isan/（2020年2月26日最終閲覧）
28) 中国非物質文化遺産公式サイト http://www.ihchina.cn/project#target1（2020年2月26日

最終閲覧）
29）中国の土司文化研究公式サイト http://www.zgtswhyj.com/NewsDetail.aspx?ID=608（2020
年5月9日閲覧）

ABSTRACT

The Role of Bilingual Education Policy in Inheritance of Endangered Language in the Tujia Ethnic Minority Area of China: with a Focus on a Pilot Primary School in an Autonomous Prefecture in Hunan Province

Weijia CHENG

(Graduate Student, Nagoya University)

<Keywords: Pilot School / Ethnic Minority without Letters / Endangered Language / Bilingual Education / Mixed Area>

China is a multi-ethnic country which consists of the Han ethnic majority and 55 ethnic minorities. Thus minority education policy is conducted among ethnic minority areas, and an important part of it is bilingual education. This article discusses a bilingual education program conducted in the Tujia Minority Areas of China. Located in an ethnic autonomous prefecture, a nine-year secondary school is chosen for a case study of how bilingual education program functions in both Tujia/Mandarin languages. The author first introduces research method and subject. Following is a review of official government documents regarding ethnic language education policies, including a review of the document of Tujia/Mandarin language education program named the School Ethnic Education Guidance Outline 2008, 2010, which provides certain regulations on how to implement the language education in a school environment. Next, a field trip at the nine-year secondary school is described, at which an examination of the actual conditions of Tujia/Mandarin bilingual education is conducted. From this research experience, the author discusses how government policies are applied in practice, and what is the motivation and awareness of participants in Tujia/Mandarin bilingual education. The following results have been ascertained.

First, the Tujia/Mandarin bilingual education still lacks diversity and adaptability. School education focuses on general subjects with Chinese as the language of instruction. In the current teaching of Tujia/Mandarin bilingual education, the Tujia language is taught as a subject. Because there are very few people who can speak the Tujia language, therefore it is impossible to use Tujia as the language of instruction. Secondly, in the multi-ethnic country of China, policies are implemented on the premise that all ethnic groups are equal. Among ethnic minority education, especially ethnic minority language education is gradually coming to occupy an important position because it is conducive to promoting national unity and maintaining national stability. Therefore, the government has increased support for teaching of Tujia/Mandarin bilingual education from various aspects, such as through financial assistance and provision of hardware and facilities. Although Tujia/Mandarin bilingual education still tends to focus on teaching of Mandarin, it brings a good influence to the endangered Tujia language. Thirdly, the example of the nine-year secondary school reflects how the importance of Tujia/Mandarin bilingual education came to be fully emphasized in the school when the Mandarin language has become a widely used language in daily life. At the same time, it reveals that deepening the Tujia/Mandarin bilingual education has faced many difficulties. In addition, teachers' voluntary conduct while teaching of self-study teaching practice, shows the possibility of the Tujia language to be inherited and sustained as official teaching content of the school.

パラオ共和国の中等教育における社会科と使用教科書
―とくに歴史教育と対日関係事項を中心に―

玉井　昇
（獨協大学）

〈キーワード：歴史教育／歴史教科書／パラオ／日本統治／国際関係史〉

1. はじめに

　本稿では、パラオ共和国の中等教育における社会科の中で、とくに我が国とも関係の深い近現代の歴史教育を主たる対象とする。そもそも、パラオをはじめとした「ミクロネシア地域」は第一次世界大戦から第二次世界大戦に至るおよそ30年間に渡り日本に統治された。その間、本格的な学校教育が実施されたことからも歴史的に我が国と深い関わりを有する。当時南洋群島と呼ばれていた当該地域において、南洋庁の本庁が置かれたことからもパラオはとくに強く日本の影響を受け、その名残は現在でも確認できる。社会科教育との関連で一例を挙げれば、「センキョ（sengkyo）」という言葉が、代表民主制を実現するための投票制度のみならず、しばしば日常での多数決による意思決定手段を意味する言葉としても使われている[1]。また、英語のhistoryに相当する言葉も「レキシ（reksi）」が使われており、日本語を語源として現地語化した単語も多く、新年には「オシルコ（osiruko）」を食すなど、日本由来の生活習慣なども枚挙に暇がない。一方、パラオ国立博物館に代表される社会教育施設では、当時の日本語で表記された歴史的資料群を見ることができ、各島の中を歩いてみれば、戦跡の類いはいうまでもなく、日本統治時代の遺構が再活用されていたりもし、今日なお当時を語る歴史的教材を目にすることも多い[2]。

　他方で、形態の違いや程度の差こそあれども、アジアの近隣地域と同様に被統

治の歴史や戦禍の経験を有するにもかかわらず、概してパラオは「親日的」と評されることが多い[3]。例えば、太平洋戦争時に日米の激戦地となり、日本軍守備隊が玉砕したことで知られ、一部には「天皇の島」とも呼ばれたペリリュー州では、2015年4月9日当時の明仁天皇および美智子皇后が慰霊訪問し歓待をうけた。その後、現地州議会は同日を両陛下訪問の日として祝日とする法案を可決し、以来その祝日に記念式典なども開催されている。こうした土壌の中での歴史教育や使用教科書等は、学術的にも照射されるべきである。

　概して、パラオで使用されている教科書は米国製である。そのため、歴史教育において、米国教科書の中では到底扱われることのないパラオ史を学習させるための創意工夫が必要となる。その中で、現代パラオ社会にも少なからず影響を与えてきた日本統治時代は、自ずと近現代史教育における主たる学習テーマの一つとなろう。この点に本研究の意義を見出し、本稿ではこれまであまり注目されてこなかった同国の社会科教育において、とくに歴史教育の現状と課題を明らかにすることを主題としている[4]。手始めに、当該地域における一般的な教育事情を概観した上で、とくに歴史教育が本格的に行われる中等教育下での現状を整理する。その中で、日本とその関連事項がどのように描かれているのか、実際に利用されている教科書や教材等の記述内容について考察を行うものとする。

2. パラオにおける学校区分と中等教育における社会科の概要

　パラオの教育制度において、小学校（elementary school）は8年制であり、6歳から13歳がその学齢期となる。小学校は公立が16校、私立が2校設置されている。その先に続く高等学校（high school）は4年制（14歳から17歳）であり、公立学校が1校、私立が5校ある。つまり、日本の中学校に当たる学校区分はなく、小学校の第7〜8学年および高等学校の4年間が中等教育に相当する。また、義務教育は小学校から高等学校までの12年間に設定されている[5]。2020年2月時点のTrading Economics（TR）のデータ（Trading Economics 2020）によれば，初等教育（小学校第1〜6学年）を受ける児童数は、総計で1,639人（男女比54.3：45.7）となっている。これに対し、初等教育の全教員数は124人（男女比20.97：79.03）であり[6]、教員1人当たりの児童数は15.66人である。一方、前

期中等教育（小学校第7〜8学年）の生徒数は473人（男女比51.2：48.8）であり、後期中等教育（高等学校第1〜4学年）の生徒数は937人（男女比52.5：47.5）である。また、中等教育の全教員数は126人（男女比41.7：58.3）であり[7]、教員1人当たりの児童数は15.09人である。なお、中等教育後は、国内にはパラオ短期大学（PCC：Palau Community College）が唯一の公的な高等教育機関として存在している。その他、同じTRのデータによれば全体の10パーセントに満たない24人が国外の大学等へ進学している。

初等教育および前期中等教育のカリキュラムにおいて、社会科は、国語（パラオ語）、英語、算数・数学、理科とともに主要5教科に位置づけられており、原

図表1　公立高等学校の設置科目

（必　修　科　目　群）			
1年生	2年生	3年生	4年生
代数学Ⅰ	代数学Ⅱ	幾何学	選択科目
一般科学	生物	化学	選択科目
世界地理	世界史	パラオ史	キャリア実習
パラオ研究	パラオ研究	選択科目	キャリア実習
保健	体育	キャリア研究＊	キャリア研究＊
キャリア開発Ⅰ	キャリア開発Ⅱ	キャリア研究＊	キャリア研究＊
（選　択　科　目　群）			
1年生	2年生	3年生	4年生
発展英語	発展体育（女子）	キーボード入力	ジャーナリズム
発展数学	発展体育（男子）	コンピューター	物理
		米国史	三角法
		日本語Ⅰ	日本語Ⅱ
		事務実習	比較政治
			文化研究

出所：Ministry of Education, Republic of Palau（2006）*Education Master Plan 2006-2016 Republic of Palau*, p.26-27 の記述を元に作成。なお、＊「キャリア研究（Career Academy Program）」では、天然資源（農業など）、経営情報（ビジネス入門など）、ヘルス・ヒューマンサービス（ホテルオペレーションなど）、工業エンジニアリング（建築など）、などが開設されている。

則として毎日45分間の授業実施が規定されている。その他、保健、体育、キャリアガイダンスなどの科目が週1〜2回行われる（Ministry of Education 2006, p.25）。一方、公立の高等学校では、一般教養科目と職業・技術科目（vocational programs）でカリキュラムが構成されており、パラオ教育省の基本計画（Master Plan）によれば、卒業要件として25単位の取得が義務づけられている。その中で、必修科目の社会科には3単位が割り当てられており、1年次に世界地理、2年次に世界史、3年次にパラオ史が設置されている[8]。残る22単位の内訳は、英語4、数学3、理科3、パラオ研究（Palauan Studies）2、保健1、体育1、キャリア教育6、選択科目2であり、日本語もその中に含まれている（前掲図表1参照）。

3. 社会科教育と使用教科書

　パラオでは、全体的に米国の教科書が使われている。後掲の図表2は、社会科教育における学年別使用教科書の一覧であるが、初等教育では5年次と6年次に

図表2　社会科教育における学年別教科書と出版社

学年	教科書名	出版社、出版年
Elementary Schools		
（初等教育）		
1年生	My World：Adventures in Time and Place	Macmillan / Mcgraw-Hill School, 2001
2年生	People Together：Adventures in Time and Place	Macmillan / Mcgraw-Hill School, 1997
3年生	Communities：Adventures in Time and Place	Macmillan / Mcgraw-Hill School, 1999
4年生	Regions：Adventures in Time and Place	Macmillan / Mcgraw-Hill School, 1999
5年生 6年生	Pacific Neighbors：The Islands of Micronesia, Melanesia, and Polynesia	Bess Press, 2006
	Government of Palau：A Nation That Honors Its Traditions	**Ministry of Education, Palau, 2002**
	History of Palau：Heritage of an Emerging Nation	**Ministry of Education, Palau, 1997**
（前期中等教育）		
7年生	World History：Journey Access Time	Glencoe / McGraw-Hill, 2008
8年生	Exploring Our World：People, Place and Cultures	Glencoe / McGraw-Hill, 2008
High School （後期中等教育）		
9年生	World Geography	Holt, Rinehart and Winson, 2007
10年生	World History, Patterns of Interaction	McDougal Littell / Houghton Mifflin, 2004
11年生 12年生	Civic Achievement Award Program：**Republic of Palau**, Student Resource Book	Close Up Foundation, 1996 **(*著者はパラオの教育者たち)**

出所：パラオ教育省社会科教育専門官Pillar Ngiraswei氏への聞き取り調査を元に作成。

使用されている「パラオ史」と「パラオ政府」を除き、いずれも米国で出版され使用されている教科書である[9]。さらに、中等教育レヴェルに至っては、後述する生徒用のワークブック教材の例外を除き、基本的にすべて米国で出版され使用されている教科書となっている[10]。

　概して、中等教育における社会科、とくに歴史教育は帰属社会の伝統と文化を認識し、市民としての自覚と資質を育成する上でも重要な科目となりうる。その中で、米国の純正教科書のみを利用すれば、そこで扱われているのは米国を中心に据えた世界とその歴史であり、世界の周辺部のさらに辺境地域にあるパラオに関する言及は皆無に等しいことは容易に想像できよう。例えば、第二次世界大戦は当時日本統治領であったパラオにとって避けることができない歴史教育上の学習事項である。これに対して、中等教育の中で該当する教科書は高校の第2学年で利用されている *World History, Patterns of Interaction* である[11]。同書は、第1章「文明の起源（Beginnings of Civilization）（紀元前400万-200年）」、第2章「政権と社会における新潮流（New Directions in Government and Society）（紀元前2000-紀元後700年）」、第3章「交換と遭遇の時代（An Age of Exchange and Encounter）（500-1500年）」、第4章「両半球の接続（Connecting Hemispheres）（500-1800年）」、第5章「絶対主義から市民革命へ（Absolutism to Revolution）（1500-1900年）」、第6章「産業主義と帝国主義（Industrialism and the Race for Empire）（1700-1914年）」、第7章「世界大戦（The World at War）（1900-1945）」、および第8章「現代的視座（Perspectives on the Present）（1945-）」に分けられ、本文全1100頁で構成されている。この中で、パラオにとっては日本統治時代に該当する第7章は、さらに第1節「第一次世界大戦（The Great War）（1914-1918年）」、第2節「革命と国家主義（Revolution and Nationalism）（1900-1939年）」、第3節「危機の20年（Years of Crisis）（1919-1939）」、第4節「第二次世界大戦（World War II）（1939-1945）」の4つの節に細分化される。

　その第1節では、第一次世界大戦に関わる歴史的事項が25頁に渡って詳述されている。しかしながら、パラオに関連する部分はわずかに1914年に日本が中国および「太平洋」のドイツ領を占領したこと（Roger B. Beck, et al. 2006, p.852）、およびアフリカと「太平洋」におけるすべてのドイツ領が委任統治領として国際連盟の管理下に置かれたという一般的概要のみが、それぞれ1文程度の

中で触れられているにすぎない（Ibid., p.859）。一方、第二次世界大戦を取り扱った第4節も総計30頁に及び、日本に関連する記述が実にその半数近くを占める。その中で、真珠湾攻撃や「バターンの死の行進」などは、2頁にわたって詳述されている（Ibid., pp.931-932）。つまり、こうした内容が米国の歴史教育上は重要な学習事項に位置づけられているといえよう。そして、珊瑚海海戦、ミッドウェー海戦、ガダルカナル戦へと米国軍が戦局を逆転させていく過程が記述される（Ibid., pp.934-935）。さらに、レイテ沖海戦へと続くが、その先は"kamikaze（神風特別特攻隊）"について言及した後はすぐに硫黄島戦に進み、沖縄戦、原爆投下、日本の降伏へ至る（Ibid., pp.945-947）。つまり、ギルバート、マーシャル諸島、トラック諸島などとともに、日米の激戦地の一つとなった現地ペリリュー島の戦いなどは完全に割愛されており、関連する記述も見当たらない。

その結果、米国教科書をメインに利用しつつも、他方でパラオ独自の視点からの教育的工夫が必要になってくる。この点に関して、前期中等教育の一例をあげれば、2019年8月20日に視察したジョージ．B．ハリス小学校では以下のように行われていた。つまり、同小学校における第7学年と第8学年では、いずれも教室内の壁にパラオ統治機構の概要図（後掲図表3）と、パラオ各州の歴史・文化遺産群（後掲図表4）が掲示されていた。この中には、日本統治時代の遺産も数多く登録されており、"Hatoba（波止場）"、"Hodai（砲台）"、"Todai（灯台）"、"Sidang Sireib（師団司令部）"など、当時の日本語名がそのまま現在も使用されている事例も存在する（Bureau of Arts and Culture Palau Historic Preservation Program, 2011）。実際に、2019年8月の訪問時、地理の授業が行われていたが、

図表3　パラオ政府、議会、裁判所の概要図　　図表4　パラオ16州の歴史・文化遺産

 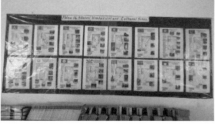

出所：2019年8月20日ジョージ.B.ハリス小学校第7年生の教室内にて著者撮影。

その中で教員がこれらの遺産に関するクイズを出題し、知識としての定着が確認されていた[12]。

4. Student Resource Book

一方、高等学校教育では教材として活用されているStudent Resource Book（以下SRB）が注目に値する。この教材は、米国内務省島嶼局からの依頼を受け、米国の市民教育プログラム開発を行っているクローズアップ財団が出版したものである。その意味で、同書は形式上パラオで独自出版された教材ではない。しかし、1987年に出版された旧版に代わり1996年に出版された本書は、パラオの生徒のために「特別に（specifically）」編纂されている[13]。というのも、同書はパラオ教育省カリキュラム指導部（Bureau of Curriculum and Instruction）のイニシアチ

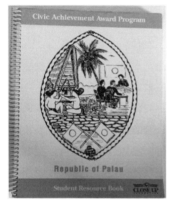

図表5　Civic Achievement Award Program Student Resource Book

出所：2019年8月19日パラオ教育省にて著者撮影。

ブで編纂されている。その編纂者はパラオ高等学校の社会科教員を中心に、いずれも現地教育関係者で構成されており[14]、計画、制作、試用、フィードバックを通した教育的PDCAサイクルを経て作成されている。米国公民教育（CAAP: Civic Achievement Award Program）の一環として作成されている本書では、その目的として自国を学び、パラオ市民であること（市民の権利と義務）をより深く学ぶための一助になることが謳われており[15]、第1章「年表（Timeline）」、第2章「学習（Learning）プロジェクト」、第3章「研究（Research）プロジェクト」、第4章「市民（Civic）プロジェクト」で構成されている。生徒の能動的学習という観点から同教材のプロジェクト型学習の教育的手法も注目に値するが、本稿ではとくに日本関連事項を中心に整理すると以下の通りである。

まず、第1章の年表は、歴史、政治、経済、文化、地理の5項目で構成されている。同章には総計23頁が割かれているが、その内訳は欧州人来島初期（1500-1879）

約5頁、スペイン統治期（1880-1899）とドイツ統治期（1900-1910年代）各約2頁、日本統治期（1910-1940年代）約7頁、米国統治期（1940-1970年代）と自治政府期（1980-1990年代）各約4頁である。つまり、ここで扱われた約500年間の中で日本統治時代はその10分の1にも満たない期間だが、全体の3分の1に相当する頁数を割いて細かく時系列的に網羅されている（Close Up Foundation 1996, pp.16-39）。続く、第2章では上述の5項目に「時事事情（current events）」が加わる。まず、歴史の単元では第1章の年表を参照しながら出来事の因果関係をチャート化して整理する学習シートになっている。例えばベルサイユ条約の締結によって、政治的には日本の委任統治が開始され"Junkei（巡警）"と呼ばれたパラオ人警察官が誕生し、経済的には"Nekken（熱研）"をはじめとする農業の研究開発施設が建設され、文化的にも日本円が導入され現地の伝統的慣習の中に浸透していく過程を総合的に学習する仕組みとなっている（Ibid., p.53）。

また、地理の単元でも日本統治時代に「なぜサイパンやマーシャル諸島など他の島々ではなく、パラオに南洋庁の本庁が置かれたのか」について、第1章での学習や掲載された地図を参照しながら、その理由を整理するワークも存在する（Ibid., p.90）。同じく地理の中で、パラオにおいて過去200年間のパラオ人と日本人の人口比率を記入させ、日本統治時代には現地パラオ人を上回る数の日本人が存在したことを確認した上で、日本がパラオに与えた影響についてまとめさせるワークなども含まれる（Ibid., pp.91-92）。その他、政治、経済、文化の単元でも、それぞれの政治史、経済史、文化史をまとめる部分において、日本統治時代の関連事項が取り扱われていることはいうまでも無い。

一方、文化の単元では、その冒頭の学習目的に関する解説の中で「文化の影響（Cultural Influences）」について言及しており、外的影響には「良い（good）」ものだけでなく「あまり良くない（not so good）」ものもあり、パラオ市民は残すべきものと変えるべきものを取捨選択しなければならないとする（Ibid., p.112）。その上で、「文化的メッセージ」についてテレビの役割が言及されているが、その一例として「米国のテレビ番組を通して子供たちがソーダを飲んでいるのを見ると、私たちもソーダを飲むべきだと思うかもしれない」が、それは「賢明な（wise）」判断ではない可能性があると説明している（Ibid., p.113）。他方で、続く時事事情の単元では、その学習目的の一例としてステレオの購入を引き合いに

日本との関係について述べている。つまり、「多くのステレオは日本製である」ので、「現在の日本との経済関係を知ることは購入時期を決める上で役に立つ」と記述している点も非常に興味深い（Ibid., pp.125-126）。

　そして、第3章から第4章にかけてここまでの学習の集大成ともいうべき研究プロジェクトの手法と手順を記述する。すなわち、自らの課題を設定し研究するプロジェクトベースの学習であるが、その適切な研究課題の設定例として以下のように述べている。つまり、「（人類の）太平洋への移住＝広すぎる（Too Broad）」、「1942年3月のコロールにおける日本統治＝狭すぎる（Too Narrow）」、「日本統治期におけるパラオ児童・生徒への教育＝適切（About Right）」と例示している点も注目に値しよう[16]（Ibid., p.144）。

5. おわりに

　以上のように、パラオの社会科教科書は、初等教育でわずかに利用されている「パラオ史」と「パラオ政府」を例外とすれば、明らかに米国の視点で作成されたものである。中等教育に至っては、正式な教科書はすべて米国製であり、歴史教育についてもパラオに関連する教科書上の学習事項は皆無に等しい。一方で、SRBは、歴史を中心に地理、政治経済、文化、時事事情に至るまでパラオ独自の視点で編纂されている点で特筆に値する。その中で、パラオ社会に大きな影響をもたらした日本統治時代の関連事項も網羅されており、同時代は歴史教育における重要な学習テーマの一つとして位置づけられている。とくに、そのプロジェクト型の学習では社会教育施設を訪問したり、年長者らにインタビュー調査をすることなども期待されている。初等教育の高学年で萌芽させた独自視点での歴史教育を市民教育の重要な一部として中等教育の中へ昇華させ、パラオ社会科学習の集大成を飾るに相応しい内容となっている。教育予算面でも独自教科書の作成を望みにくい同国において、このSRBは極めて重要な教育的役割を果たす潜在性を秘めている。あとはこのような独自教材を実際の教育の中でいかに活用していくかが肝要になってくるのだが、その教育実践に関する調査と考察は、紙面を改めて次回の研究課題としたい。

【注】

＊本稿は、JSPS科研費（基盤研究（C）、課題番号19K02538、「旧日本委任統治領『ミクロネシア地域』の歴史教育に関する研究」、研究代表者玉井昇、研究期間2019〜2020年度）の助成により、2019年8月18日〜同月23日に実施した現地調査に基づく研究成果の一部である。

1）今井らの調査によれば、日本統治時代パラオ人児童を対象とした公学校において、生徒会長を選出する際にもsengkyoという単語が使われていたという（今井・ロング2019、pp.117-118）。

2）日本統治時代の建築物の残存状況に関する研究の一例として、辻原万規彦（2004）「旧南洋群島における日本委任統治期の建築物の残存状況」、太平洋学会誌第93号、pp.27-28。

3）ただし、概してパラオが親日的であるとしても、その理由の一端を日本統治時代の学校教育に求めていくには、より慎重な考察が必要である。そうした観点から参照すべき一例として、三尾は日本統治時代のパラオや台湾などの被統治者たちは、自ら望んで日本語を学習したわけではなく、日本人からの差別を回避し日本人との平等性に近づくために日本語を学習せざるを得なかったとみている。そして、後に続く米国や中華民国という新体制下では、仮に無理矢理であっても、努力して修養した日本語による知識や価値観を肯定的に活用するように向かわざるを得ないと指摘している（三尾裕子2016、pp.17-24）。また、植野も先行業績を整理しながら、日本統治時代の教育で評価されているのは、人としての倫理感や公衆衛生面などの一般的な「文明化」であって、それらを一色単に「日本的なもの」に対する評価と見なすことに疑問を呈している（植野弘子2016、pp.166-174）。

4）パラオの教育研究は、海外よりも日本に多く見られ、とくに日本統治時代の教育に関する研究は、矢内原忠雄（1935）『南洋群島の研究』、岩波書店をはじめ、当時から今日に至るまで一定の成果が積み重ねられてきている。一方、現代パラオの教育研究となると、総論的なものとして相沢（2016）や廣瀬（2016）などがあるほか、個別的な教科教育に関しては、金児（2009）や松嵜（2012）らの算数・数学教育などを扱ったものなどが散見されるに過ぎない。よって、社会科教育の中でもとくに今日のパラオにおける歴史教育そのものを主題として扱った先行業績は、今のところ国内外でとくに見当たらない。

5）ちなみに、小学校の前にはHead Startと呼ばれる3年間の就学前教育（対象年齢3〜5歳）がある。これは、教育省ではなく保健省（Ministry of Health）の管轄下に置かれており、一般的には義務教育とは見なされていない。しかし、対象年齢の大半の子供たちが通学していることから義務教育とみなす説もある（相沢2016、pp.160-161）。

6）ただし、同じTEのデータによれば初等教育に従事する教員として、トレーニングを受けた経験を有する教員は、全体のおよそ34％に過ぎない。つまり、同国では、教員の資格や採用に関する規定や一定の基準が存在しないため、教員になるために修養すべき学歴がなくとも、教鞭をとることが可能である。こうした教員養成システムの未成熟さがパラオにおける教育的課題の一つであることは、現地での教育支援経験者や研究者らが先行業績の中で指摘する通りである（相沢2016 p.164、玉井・渡辺・大塚・島田・渡邊2016 p.83、玉井2016 p.183および廣瀬2016 pp.146-148など）。

7）同じくTEのデータによれば、前期中等教育になるとトレーニングの経験を有する教員は全体の59.26％であり、初等教育と比較して数値としては幾分高くなる。しかし、依然として40％を超える教員が教員養成のための学歴等を有しないことはやはり一つの課題といえよう。

8）Ministry of Education, Republic of Palau（2006）*Education Master Plan 2006-2016 Republic of Palau*, p.26. ちなみに、本教育基本計画は2016年でその実施期間が終了しているが、2020年2月末現在、次期基本計画の策定に向けて移行期にある。なお、2019年8月の現地訪問時にパラオ教育省およびパラオ高等学校で聞取り調査をしたところ、現在1年次は地

理（Geography）、2年次は歴史（History）、3年次は政治（Civic and Politics）、4年次は経済（Economy）を行っているとのことだった。

9）パラオ教育省社会科教育専門官Pillar Ngiraswei氏への聞き取り調査、パラオ教育省、2019年8月19日（11:00-12:00）。なお、パラオをはじめとした「ミクロネシア地域」では、基本的に教科書は生徒個々人に支給されるのではなく、学校備品として貸与され使用後は返却することになる。そのため、一部には落書き、汚れ、劣化や破損が生じたり、あるいは紛失等により不足するなどの課題も指摘されている（玉井・渡辺・大塚・島田・渡邊、2016、p.72）。また、これらの米国教科書はいずれも10～20年以上前に発行されたものであり、年代的にやや古いことも気になる。この辺はさらなる調査が必要であるが、仮にその間に米国で改訂版が利用されているとすれば、学問的進歩から取り残されることにもなりかねない。

10）パラオ教育省社会科教育専門官Pillar Ngiraswei氏への聞き取り調査、同上。

11）一方、初等教育では第5～6学年の指定教科書として *History of Palau: Heritage of an Emerging Nation* がある。誌面の制約上も本稿では割愛するが、同書はパラオ教育省によって編集出版されており、パラオ独自の歴史教育を実践する上で重要な教科書のため、別の機会に改めて分析したい。

12）ジョージ、B. ハリス小学校長Wicliff Emul氏への聞き取り調査、ジョージ、B. ハリス小学校、2019年8月20日（13:30-14:30）。

13）同書が米国政府の財政的支援の下で、米国の民間教育機関によって出版されていること自体は紛れもない事実であるが、後述のようにその内容は完全に現地パラオの教育関係者たちの視点で描かれている。そのことに関連して、同書の中で記述された「いかなる意見や結論も著者（＝パラオの教育関係者）らのものであり、米国内務省やクローズアップ財団の見解を必ずしも反映したものではない」とする但書がわざわざ付記されている（Close Up Foundation 1996, p.ii）。

14）この作成チームの主要メンバーは、パラオ高等学校社会科教員のTheodoro Borja、同Tiare Holmおよび同Silvester Mikelに加え、コロール小学校副校長のMercedes Tomeiとパラオ教育省カリキュラム計画改善課長（chief, Division of Curriculum Planning and Improvement, Palau Ministry of Education）のMasaharu Tmodrangの5名である（Ibid., p.iii）。

15）米国本土の公民教育の一部動向については、森田真樹（2012）「現代米国公民教育改革における『公民的機会』をめぐる問題—Avery論文から学ぶもの」、社会科研究（全国社会科教育学会）、第76号、pp.59-64。

16）これらの記述のみから、暗に米国的な教育に否定的で親日的な教育を行っていると結論づけるのはあまりに短絡的である。しかし、同じページ内には、もし「翌朝の新聞のヘッドラインで次のような見出しが掲載されていた場合を考える」という設定で、ある架空の新聞紙上では「すべてのパラオの子供たち、ボートでハワイに移送」と書かれている。その他の二つの事例も、「キャンディが深刻な病気を引き起こす」と、「パラオの学校閉鎖—再開は不明」というように明らかにネガティブな架空のニュースが記述されているのも事実である。他方で、教材の表紙には3つの国旗が描かれているが（本文中に掲載の図表5参照）、色が付いていないため、それらがはたしてパラオの国旗なのか、あるいは日本の国旗なのかを判別するのは困難である。しかし、手前に描かれた2つの国旗は、先端に国旗玉が付いた白黒の旗竿が交差して描かれている。このような国旗掲揚の仕方は一説には神道にも由来し他国ではあまり見られないことからも、日本の国旗と見なすのが自然である。よって、同書を見る限り、明らかにアメリカナイズされた「社会科教育」とは一線を画し、パラオの伝統や独自性に回帰させ関心を持つように意図されているといえる。そのパラオの伝統や独自性の一端に、歴史や現代社会にも残る「日本的なもの」が内在されているのは少なからず事実といえよう。

【引用・参考文献】
1) 相沢友紀（2016）「パラオ共和国における国際教育協力の活動事例」、国際教育22巻、pp.159-166
2) 今井圭介、ダニエル・ロング（2019）『パラオにおける日本語の諸相』、ひつじ書房
3) 植野弘子（2016）「植民地台湾の生活世界の『日本化』とその後—旧南洋群島を視野にいれて—」、『帝国日本の記憶—台湾と旧南洋群島における外来政権の重層化と脱植民地化』、慶應義塾大学出版、pp.145-181
4) 金児正史（2009）「パラオ国における初等中等算数・数学教育向上の今後の展望」、鳴門教育大学国際教育協力研究4巻、pp.21-26
5) 玉井昇（2016）「ミクロネシア3国における被統治史と現代的教育課題の類似性—伝統的社会システムと近代的社会システムの相剋と国際教育協力の背景—」、国際教育22巻、pp.180-186
6) 玉井昇、渡辺幸倫、大塚智子、島田風太、渡邉太一（2016）「ミクロネシア地域と日本のつながり—国際教育協力の視点から—」、大分県立芸術文化短期大学研究紀要53巻、pp.69-83
7) 辻原万規彦（2004）「旧南洋群島における日本委任統治期の建築物の残存状況—2001～2003年の現地調査結果—」、太平洋学会誌第93号、pp.25-32
8) 廣瀬淳一（2016）「小島嶼国家の内発的発展と人材育成（1）—パラオ共和国の教育基本計画を参考に—」、高知大学学術研究報告65巻、pp.139-153
9) 廣瀬淳一（2016）「小島嶼国家の内発的発展と人材育成（2）—パラオにおけるアイデンティティと教育—」、高知大学学術研究報告65巻、pp.155-169
10) 松嵜昭雄（2012）「パラオ共和国における数学授業研究の取組—コロール小学校の数学授業研究の実際—」、日本科学教育学会研究会研究報告27巻3号、p.43-48
11) 三尾裕子（2016）「台湾と旧南洋群島におけるポストコロニアルな歴史人類学の可能性—重層する外来政権のもとでの脱植民地化と歴史認識」、『帝国日本の記憶—台湾と旧南洋群島における外来政権の重層化と脱植民地化』、慶應義塾大学出版、pp.1-30
12) 森田真樹（2012）「現代米国公民教育改革における『公民的機会』をめぐる問題—Avery論文から学ぶもの」、社会科研究（全国社会科教育学会）76号、pp.59-64
13) Bureau of Arts and Culture Palau Historic Preservation Program, Ministry of Community and Cultural Affairs, Government of Palau (2011) "Palau Historical and Cultural Site"
14) Close Up Foundation (1996) *Civic Achievement Award Program, Republic of Palau, Student Resource Book*
15) Ministry of Education, Republic of Palau (1997) *History of Palau: Heritage of an emerging nation*
16) Ministry of Education, Republic of Palau (2006) *Education Master Plan 2006-2016 Republic of Palau*
17) Roger B. Beck, Linda Black, Larry S. Krieger, Phillip C. Naylor, and Dahia Ibo Shabaka (2009) *World History, Patterns of Interaction*, McDougal Littell
18) Trading Economics (2020) "Palau - Primary Education," https://tradingeconomics.com/palau/primary-education-duration-years-wb-data.html（2020/02/19閲覧）

ABSTRACT

Social Studies and the Textbooks for Secondary Education
in the Republic of Palau:
A Study on the History Education Particularly on Japanese Occupation
Noboru Tamai
(Dokkyo University)

<Keywords: history education; textbooks and teaching materials for history; Palau; Japanese Mandate; history of international relations>

This research note focuses mainly on history education within the social studies subject at secondary schools in Palau. The "Micronesian Region," which was called *Nanyo Gunto* (South Seas) in Japanese, has had a historically significant relationship with Japan because full-scale school education there was first implemented during the period of the Mandate. Within the Region, Palau in particular was more deeply influenced by Japan, since the Region's administrative headquarters was established there, and vestiges of this history can still be witnessed widely today. Palau is generally described as "pro-Japanese," despite sharing such history of occupation and experience of war damage as its neighbors in Asia, albeit in different forms and to varying degrees. Then, an appropriate question for scholarly consideration is, exactly what kind of textbooks for history education have been used in actual Palauan educational settings, and what are the related descriptions on the Japanese occupation? The significance of this paper can be found in its adoption of this perspective, as such studies have not received much attention until now. For this reason, this paper first outlines the current situation of secondary schools where history education is conducted in earnest, and then considers the content of secondary school textbooks and reference books regarding Japanese matters.

Generally, secondary schools in Palau use textbooks published in the United States. In other words, these textbooks deal with a world and history centered on the United States, in which there is almost no mention of Palau by reason of its location in a "marginalized part" of the world. In particular, the topic of World War II is an indispensable educational matter for history education in Palau, which had suffered during the war as a consequence of being under Japanese occupation. However, even the topic of Peleliu, which was one of the fiercest battlegrounds between Japan and the United States, has been omitted and no relevant description can be found in the textbooks. Consequently, within the social studies subject, educational ingenuity from the point of view of the Palauan window on history should be sought.

In this regard, the Student Resource Book (SRB), used in upper secondary education, is compiled thoroughly from a Palauan perspective. Its study activities cover in chronological order the matters which influenced Palau society during the period of Japanese occupation. In the units on geography, politics, economy, and culture, various items related to the Japanese period which have influenced contemporary Palau are also dealt with. In line with this content, Palau has established a capstone project-based learning experience in which each student decides their own individual theme, and conducts in-depth independent research and investigation.

As described above, the social studies textbooks used at Secondary Schools in Palau have been compiled from an American perspective. By contrast, the SRB, which was created from a Palauan perspective, can be used to complement such frameworks. It does not focus merely on history but also on geography, politics, economy, culture and even current affairs including Japanese influences on Palau. It is concluded that as a consequence the project-based learning experience, as the culmination of Palau social studies learning in upper secondary education, has the potential to play an important educational role. Implementation of this project may be a worthwhile next research theme.

前田耕司 著
『オーストラリア先住民族の
主体形成と大学開放』

岩﨑　正吾
（首都大学東京・名誉教授）

　本書は，日本でも喫緊の課題となっている先住民族アイヌの高等教育へのアクセスと大学開放及び後継者・専門家養成の現状と問題点を分析・検討しつつ、オーストラリアの大学における先住民族アボリジニの主体形成を意図した能力開発・専門職養成に焦点を当て、その高等教育システムの構築方法について、日本との比較の観点から明らかにしたものである。著者は長年にわたって多文化教育の視点から、オーストラリア先住民族アボリジニ（アボリジニ及びトーレス海峡系住民）の研究に従事しているが、本書はこれまでフォローし、蓄積してきた研究成果を踏まえて、新たな調査等を実施して得られた知見を加えつつ纏められたものである。

　本書における比較分析の指標は、先住民族の「教育権」を国際的に認めた「先住民族の権利に関する国際連合宣言」（2007年）であるが、当該宣言を無批判に依拠することはしないで、その批判的視点を含みつつ規範的枠組みとして考察し、先住民族への大学開放の意義と組織化のメカニズム原則を実証的に明らかにしている。

　本書の研究方法の特徴は、国連やILOなどの国際機関や国際法の動向分析と関連させつつ、ポストコロニアルの比較研究方法学（Postcolonial comparative research methodology）の手法を用いて、オーストラリアの先駆的実践・研究からの問題の解明を意図している点にある。この著者の意図は、長年の著者の研究蓄積に支えられて、アイヌ民族における高等教育の課題抽出に結実しており、比較研究の一つの模範的事例を提供していると考える。

　同時に研究方法の特徴として指摘しておきたいことは、現地の研究者や専門家

の協力を得つつ、文献研究を補う必要性から対話的構築主義のアプローチ（ナラティブ・アプローチ）に基づき、語り手と聞き手の言語的相互行為によって構築される自由な語りを主体とする分析（Ethnographic Narrative Approach）を行っている点である。具体的には、アボリジニ・コミュニティの利益に貢献するアボリジニの担い手養成の基盤となる社会参画促進策の制度化がアボリジニによってどのような意味を持ち、どのように語られているのかを質的分析の手法を用いて検証していること、また、1980年代後半以降、進められてきたアボリジニ・コミュニティのリーダーとなる担い手養成に実績を有するニューサウスウエルズ州とヴィクトリア州の大学に注目し、これらの大学における先住民族コミュニティの担い手養成の検討を通してその特質と課題を提示していることである。

　本書の構成は以下の通りである（節構成は省略）。

　序
　　（1）本研究の目的
　　（2）各相の視点と構成
　　（3）先行研究の検討
　　（4）本研究の方法論的枠組みとナラティブ・アプローチ
　第1部　先住民族の主体形成と先住民族の権利宣言
　　第1章　国際的なコンテクストと日本の政策動向
　　第2章　ウレシパ・プロジェクトとアイヌ民族の主体形成
　第2部　ユニバーサル段階の大学開放と先住民族支援
　　第3章　ユニバーサル型の高等教育と大学開放の方向性
　　第4章　アボリジニの高等教育参加と支援システムの展開
　　第5章　クイーンズランド工科大学におけるアボリジニ学生
　　　　　　高等教育支援の展開と課題
　第3部　アボリジニの自己決定と大学開放
　　第6章　アボリジニのコミュニティの問題状況をめぐる論点
　　第7章　アボリジニのコミュニティをめぐる諸課題と自己決定
　第4部　先住民族の主体形成と高等教育の再構築
　　第8章　オーストラリア先住民族の主体形成と脱植民地化の高等教育体系の
　　　　　　構築

結

「序」では本書における研究の目的と方法が先行研究を踏まえて叙述されているが、とりわけ、何故オーストラリアのアボリジニを取り上げる意味があるのかを丹念に解きほぐし、日本のアイヌとの比較を可能にする枠組みが示されている。

第1章「国際的なコンテキストと日本の政策動向」では、本書における問題提起や考察の枠組みについて、先住民族の主体形成に関わる国際的なコンテクストと日本の政策動向に焦点を当てて論を展開している。

第2章「ウレシパ・プロジェクトとアイヌ民族の主体形成」では、「先住民族の権利に関する国連宣言」の構築過程の検討とその意義について分析しつつ、日本の先住民族としてのアイヌ民族の自己肯定感の促進やエンパワーメントの可能性を広げるための高等教育支援の組織化の可能性を探り、日本の高等教育におけるアイヌ民族学習支援システムの構築に向けた取り組みとしてウレシパ・プロジェクトを事例にして考察している。

第3章「ユニバーサル型の高等教育と大学開放の方向性」では、ほぼ同時期に高等教育改革を行った日本とオーストラリアの両国を比較の対象にしてその特徴の違いについて浮き彫りにしている。

第4章「アボリジニの高等教育参加と支援システムの展開」では、高等教育へのアクセスにおいてアボリジニが如何に不利益を被っているかという問題状況の検討を踏まえて、人種・民族的属性に起因する高等教育における不均衡の是正策として展開されている各高等教育機関における支援プログラムの特徴を明らかにしている。

第5章「クイーンズランド工科大学におけるアボリジニ学生高等教育支援の展開と課題」では、設置当初からアボリジニの教員養成に積極的に取り組むクイーンズランド工科大学を取り上げ、その歴史的展開過程の分析を通して、アボリジニ学生に対する意識調査の検証結果も踏まえながら、アボリジニに対する高等教育支援の方法と課題について考察している。

第6章「アボリジニのコミュニティの問題状況をめぐる論点」では、平等な要因に基づく階層とエスニシティが重なりあっていることに着目しつつ、エスニシティがこの国の階層構造の再生産にどのように関わり、オーストラリアでもっとも不利益を被っているマイノリティ集団とみなされる先住民族アボリジニがそう

した階層システムの中に如何にして組み込まれているのかについて考察している。

　第7章「アボリジニのコミュニティをめぐる諸課題と自己決定」では、先住民族が置かれている状況を改善するための方途として、先住民族の「自己決定」の重要性について提起し、それが実際にオーストラリアで進められた大学改革の中でどのように具体化されてきたのかについて考察している。

　最後に第8章「オーストラリアの先住民族の主体形成と脱植民地化の高等教育体系の構築」では、先住民族のコミュニティの発展に資するアボリジニ法曹養成の基盤となる社会参画促進策の制度化が先住民族によってどのように意味づけられ、語られているのかを質的分析の手法から検証している。

　著者は、「伝統的志向性の高いアボリジニ・コミュニティの首長の語りから見えてくるのは、旧宗主国のルールに基づく概念枠組みを前提に構築された法律だけが罷り通り、自らのコミュニティの不文律が認められない苛立ちであった。メインストリームにおける先住民族の法曹養成の拡充が問題の根本的な解決にはいたらないことの証左であろう」（223頁）と述べているが、日本と比べて数歩も先を進んでいると思われるオーストラリアでさえ、西欧的価値観念を相対化してみることの困難性を示唆すると共に、相互理解が如何に重要であるかを指摘したものとして受け止めたい。また、第6章でマッコノキーの「貧困の循環」説を用いて、アボリジニの貧困問題の因果関係を解き明かし、健康問題とも連動させて貧困のもう一つの要因である教育問題の解明を実証的に行っており、極めて説得力がある。著者の提起している問題は子細かつ多岐にわたっており、ここでその全てを取り上げ論議することはできないが、国際比較教育及び多文化教育への重要な業績の一つとして注目したい。

　なお、本書は2016 〜 2018年度科学研究費補助金研究費補助金研究「豪州の大学における先住民族主体の専門職養成・能力開発システムの構築に関する研究」（課題番号16K0457）（研究代表者：前田耕司）の成果の一部を含んでいる。

（明石書店、2019年8月、A5判236ページ、定価3,800円＋税）

渡辺幸倫 編著
『多文化社会の社会教育―公民館・図書館・博物館がつくる「安心の居場所」』

小林 祐一
（東京未来大学）

　多文化多民族化が加速する日本で、社会教育はどのような役割を果たせるのだろうか。これが本書の一貫した問いである。その問いに対して、「住民の自治」の視点から「安心の居場所」を創出することで答えを導こうとしている。本書は、国内外の先進的な公民館、図書館、博物館及びそれに該当する施設での取り組みを紹介していくことで、今後の社会教育の新たな可能性を提示している。

　序章は、日本における「多文化共生政策の流れ」を分かりやすく解説している。直近20年間の経緯から、日本の多文化共生政策の現状と課題を把握することが出来る。その上で、本書の構成と各章の概要を分かりやすく説明している。各章のテーマや事例に興味がある方も、まずは序章を読み、全体を概観することを薦める。

　序章に続き、本書は4部11章の構成となっている。第1部（第1・2章）は『日本の外国人集住地域の「安心の居場所」』として2つの地域を取り上げている。

　第1章では、東京都新宿区を事例とし、多文化社会の状況と様々な取り組みを紹介している。新宿区の特徴である「多くの人々が継続的に移動すること」を課題ととらえ、対症療法的な対応ではなく、安定的に継続できる仕組みづくりの構築を図っている。多様な地域住民が共に地域社会を創造することで、日本人対外国人という枠組みを乗り越えた共創社会の創出の必要性を理解することが出来る。

　第2章では、ブラジル出身の住民が急増した磐田市における「多文化共生」の取り組みを事例としている。外国人家庭に生じる3つの貧困（時間的、社会関係的、教育機会）を課題ととらえ、その課題を解決すべく「地域における生活ネットワ

ーク」に根付いた拠点としての社会教育施設の必要性を述べる。

　第2部（第3・4・5章）は、「居場所としての公民館」として、日本のみならず各国の事例から解決策が挙げられている。

　第3章では、埼玉県川口市の公民館の取り組み事例を挙げている。川口市には難民申請者などのトルコ国籍のクルド人住民が多く、公民館を舞台にクルド人が日本語を学ぶための教室だけでなく、クルド文化を地域住民に教えるという教室も行われている。在住外国人を含めた地域コミュニティの事例として学ぶことが出来る。

　第4章では、韓国の中でも市民の力が強く社会教育の発展を主導してきたといえる光州市の事例を扱っている。日本に先だって移住労働者の導入を進めた韓国では、長期滞在者への支援が重要となっている。同章で取り上げる平生学習館や多文化家族支援センターなどの地域学習施設は、官民の組織が協同するための拠点として機能している。

　第5章では、フィンランドにおけるフィンランド語教育を取り上げている。フィンランドでは移民の言語・文化を保持しながらも、公的機関、民間教育機関の区別なく様々な場所でフィンランド語を学べる環境を構築している。多様な施設で提供されている良質なフィンランド語教育を学べる取り組みは、移民の生活の安定だけでなく、社会の安定にもつながる。日本の現状を鑑みると、多くの示唆を得られるものと考える。

　第3部（第6・7・8章）では、「本から広がる図書館の取り組み」として3つの事例を取り上げている。

　第6章では、多文化サービスを行っている新宿区立大久保図書館の事例を紹介している。新宿区は、公立図書館が「すべての住民が当然のこととして本や言語に親しむ機会を提供すべき」という考えを掲げ、他の社会教育機関や学校などとの連携を重視している。これからの公立図書館で多文化サービスを始める際に参考となる事例である。

　第7章では、多民族国家シンガポールでの多文化サービスを取り上げている。シンガポールでは、建国以来の多様な民族による安定的な社会の構築の経験を、現在のさらに多様化する住民の受け入れにどのように生かすことが出来るのか課題を提示している。

第8章では、デンマークの図書館について扱っている。2010年ころから施設間の連携をさらに進め公共図書館に「市民センター」の機能を統合し各種事業を行っている。統合された図書館でどのような事業が可能なのか、施設の統廃合や更新が求められる日本の社会教育施設に与える示唆は大きい。

　第4部（第9・10・11章）では、「見て聞いて触って学ぶ博物館の役割」として3つの事例を取り上げている。博物館の特色である展示のみならず、学習スペースとしての活用を提示している。

　第9章では、学校と博物館の連携による可能性として「国立アイヌ民族博物館」の設立について述べている。博物館の利用者は地域仕民にとどまらず、観光を目的とした来館者や学校による利用の割合も大きい。来館者をどう増やすのか、来館経験をいかに深めるかの課題に取り組んでいる。博物館展示を通して、多様な来館者が文化の多様性について理解していくための拠点としての機能を果たすことを模索している。

　第10章では、台湾の事例を取り上げている。台湾の先住民は2.3％だが、その中に政府に認定されているものだけで16民族あり、多様性に富んでいる。困難となっている先住民の固有の信仰や風習、しきたりなどの伝統文化の継承を可能とする「安心の居場所」として機能していることが分かる。

　第11章では、ニュージーランドの事例を取り上げている。近年顕著な太平洋諸島からの移民は、固有の文化に関する学習の機会が極めて限られている。ここでは、国立博物館テ・パパと公立オークランド博物館での取り組みを紹介している。文物の展示による文化の紹介だけではなく、体験型の施設や学習スペースの提供、図書館など他の施設との連携を行いながら、公的空間の中に安心できる居場所を創出し、社会からの分断や排除を防ごうとしていることが分かる。

　筆者はおよそ10年前、指導主事として市区町村教育委員会事務局に勤務し、学校教育に関する施策の立案に携わった経験がある。そこでは、外国とつながりがある児童・生徒や保護者の急激な増加から多くの課題が生まれ、対応に追われていた。学校現場からは、児童・生徒と言葉が通じない、保護者と意思疎通ができない、文化の違いから生まれる誤解など、多くの戸惑いの声が挙げられ、学校だけでは解決できないことを思い知らされた。

　2020年4月現在、新型コロナウイルスが蔓延し、世界中を恐怖と混乱に陥れて

いる。私たちは、改めて世界がつながっていることを強く意識することとなった。

　多文化共生の理念の具現化は、待ったなしの状況である。本書には、社会全体で「安心の居場所」を創出し、困難な状況を打破すべく「知」が結集されている。

（明石書店、2019年3月、A5判203ページ、定価2,750円［税込］）

郭　潔蓉／森下一成／金塚　基
『多文化社会を拓く』

蘇　佩怡
（早稲田大学　非常勤講師）

　『多文化社会を拓く』は2019年9月にムイスリ出版から出版された。執筆者は法学、工学、教育学という異なる専門分野を持っており、多様な視点から日本の多文化社会における実態と課題を分析したものである。本書は、読者の身近に起きている生活様式の変化と共通する問題点の提起だけでなく、日本における多文化社会をどのように模索していくかをともに考える構成となっている。

　歴史を振り返ってみると、日本では北はアイヌ民族、南は琉球民族が先住していた。この周知の事実が、日本は多文化社会を育んできた証しであることは言うまでもない。平成の時代を迎え、少子高齢化と労働力の不足という深刻な社会問題に直面した。日本は外国人労働者の受け入れにより多文化社会への変容に拍車がかかっていた。さらに令和の時代になっている現在では、政策的に開かれた外国人労働者への門戸によって日本はどのような多文化社会に直面するのであろうか。

　本書は多文化社会を大学や大学院にて学ぶための教科書としての機能も持ち合わせている。各章の冒頭にキーワードを挙げ、章末には各章をより深く考察できるように演習課題を取り上げている。大学の学部生はもちろん、多文化社会に興味を持っている読者にとっても読みやすくて理解しやすい内容となっている。今後の日本の多文化社会を考える材料として参考になればと心より願う。

　1990年代を境にグローバルな移動は進化し続けてきた。モノ、カネ、情報が世界規模で増加することに加え、ヒトの越境する動きも盛んとなっていく。こうした流れの中、世界の国々において「多文化」ということばが頻繁に使われるよ

うになった。他国と国境を接する国々においては「多文化」ということばがイメージしやすいだろうが、日本のようにどの国とも陸続きで国境を接することのない島国の人々にとっては、あまりなじみのない感覚ではないだろうか。「多文化」が共存する社会とはどのような社会であろうか、その問題提起から本書の第1章の幕が開かれたのである。国際社会において人々の越境する動きが最も注目されたのは難民の大移動であると執筆者は指摘している。人々は政治的な要因による移動、第二次世界大戦中から終戦後にかけての移動や民主化運動による移動など暮らしの幸福を追求するために「移動」が行われている。社会体制の変革による人的移動、例えば、2011年初頭の「アラブの春」運動のように、国際社会史上の大規模な政治変動の中、数多くの難民が世界の諸国に流れ込んだ。難民たちが安定的な居住地を求め、移動先の国々がその対応に追われているケースが大いにある。それ以外に、1990年代以降の人口移動は「ボーダーレス」というグローバルな移動の特徴が観察されたのである。人々は自国以外の国や地域で勉強や仕事をしてみたいという願望を抱き、海外渡航を選択する。

　第2章では日本における多文化社会の形成について概説した。日本の社会において多文化共生はアイヌ民族、琉球民族、在日韓国・朝鮮の人々、戦前からの華人たちとの「共生」のあり方について長期にわたって多様性と向き合い、互いの違いを尊重し合って個々の言語や文化の価値を認め合う段階にたどり着いたのであると担当の執筆者は考えている。1990年以降に在留資格の多様化により新たな外国人労働者についても言及しつつ、日本社会に融合することによって如何に新たな価値を共に創造できるのかを試みている。

　第3章では、異文化の流入と公共空間の変容について述べられている。担当の執筆者は沖縄料理のチャンプルーを使って巧みに例えていた。この章は沖縄の事例を取り上げて、表層的な変化はともかく文化の核心的な部分を詳しく説明している。沖縄における多様な文化の共存を取り入れて沖縄独自の文化を切り始めたのである。沖縄における固有文化としては沖縄本島各地に存在する神アサギ・殿を取り上げた。神アサギ・殿の名称はその空間と建物双方を指している。支配者の文化による被支配者の文化の変容についてはナショナリズムを背景とする同化政策、つまり文化の強要という視点から神アサギ・殿およびその空間の変容を把握している。

第4章は「異文化の積極的受容と地域資源化の課題」である。ハワイはかつて独立した王国だったが、日本と外交関係をしていたことが意外と知られていないようであった。その外交関係の示すものは群馬県渋川市伊香保にあるハワイ王国公使別邸にある。こうした歴史的経緯から渋川市では伊香保を中心にハワイ文化を積極的に受容しようとしている。本章では伊香保の事例をもとに、異文化を受容し、自らのものに仕立て上げてゆくプロセスを考察しながら、地域活動の拠点の公民館での調査を深めていったのである。伊香保の事例では、ホスト社会が異文化に対して排他的な立場をとるのではなく、積極的に受容して自らの「伝統」に融合していく過程として参考にすべき例といえる。

　第5章は東京都において23区の中で在留外国人者数が最も多い新宿区の取り組みを紹介するものである。その要因の背景としてはまず明治時代より多文化の育む素地を多く有していたことが挙げられる。文化人や知識人が多く住まい、革命家や芸術家が集うサロンがあったことは今日の新宿区の多文化性を創り出す上で重要な要素であった。2番目の背景としては早稲田大学をはじめとする名高い高等教育機関が集結しており、戦前より多くの外国人留学生を惹きつけてきた点であると執筆者が示している。新宿区における多文化共生の取り組みでの大きな特徴としては、多文化共生事業の実質的な担い手として区行政より民間団体による支援であり、地域の多文化共生を推進していることにある。

　第6章は「協働と共創」である。前（5）章は新宿区の取り組みを挙げて紹介したものであるが、本章では足立区の取り組みから行政の多文化共生施策・事業を補完する市民の動きに注目している。少子高齢化に伴い、急速な社会構造の変化により、区行政が主導してきた従来の協働の取り組みだけでは、多様化する地域課題への対応に追い付かず不十分になりつつある。そこで、これまでの「協働」に加えて新たな「協創」の概念を政策に入れることを提起しているのである。区民の自らが主体的に活動できそうな多文化共生事業に参加することは区行政の予想をはるかに超える例として取り上げており、興味深い章だといえる。

　第7章は日本各地のコミュニティで増え続ける外国人に関わる地域課題を市民の手で課題解決へ導く事例を紹介し、コミュニティ・デザインについて模索している。大学生の地域活動への参画は大学生のキャリア観を育む教育的効果が期待できる。大学生などの若年世代は地域活動に携わる公務員、NPO・NGO、企業、

個人事業主など様々な主体と接することから地域課題と向き合いながら課題解決の機会を提供すると考えられる。

　第8章はアジアの玄関口「九州」の取り組みからみる高度人材の獲得である。古くから江戸の「四つの口」であった「薩摩口」「長崎口」「松前口」「対馬口」は特定の外国・異域と交流を続けていた歴史がある。このように多文化の素地が豊かな九州は多様な国籍を持つ人々を寛容に受け入れる土地柄を長きにわたって築き上げていた。高度人材の獲得には産官学連携で推進し、特に留学生への支援に対し力を入れている。しかしながら、高度人材の誘致には課題が挙げられている。その要因としては、近年の日本経済は都市部に集中する傾向が加速している点と外国人高度人材を獲得する雇用が稀な点にあるのではないかと執筆者が指摘していることは非常に興味深い。

　第9章から第12章までは「夜間中学」、「定時制高校」、「朝鮮学校」および「地域の生涯学習政策」というテーマから多文化共生について教育課程のあり方や具体的な教育運営に関する方向性に詳しく説明し分析している。例えば「夜間中学」は戦後の混乱期のため、生活困窮などの背景から通学機会が得られなかった人々に対する補償教育の場として開かれたものであるが、第9章では日本の夜間中学が担ってきた教育理念とその社会的な役割に関する機能の変化を整理し、夜間中学の教育制度の需要および変化について理解するものである。「定時制高校」のテーマでは学校教育制度において社会・歴史的な設立背景ならび活動意義の経緯を捉えながら、多文化共生の在り方について理解を深めることにある。その上で、これまでの日本の高校における教育活動から多文化化する高度学校教育の将来像を考察するのが第10章の目的である。第11章「朝鮮学校と多文化共生」では、朝鮮学校の歴史および社会的な設立背景から多文化共生における存在意義について述べている。かつての朝鮮学校では学校教育における多文化共生の難しさや障壁要因との関連経緯があった。それを考察し、現在の朝鮮学校における多文化共生のあり方と日本の学校における多文化共生のあり方との比較模索から今後の学校教育の方向性に示唆を得ることができるのではないだろうか。最後に「地域の生涯学習政策」では福岡市自治体の生涯学習政策の施策を取り上げてその具体的な内容の検討から今後の日本の自治体や関連団体のあり方と変化への考察することを目的としている。

本書は日本の歴史的・地理的にわたって、多様な文化に関わり共に生きる道への道筋を多様な学問領域の視点から分析した。これから多文化社会に興味ある有志者や学生たちにぜひ一読を願う。

　　　　　　（ムイスリ出版、2019年9月、A5判、148頁、定価1,950円＋税）

前 田 耕 司
（早稲田大学）

公開シンポジウムⅠ
「国際教育学の課題と方法を考える
―ポストコロニアルの先住民族教育研究をふまえて―」
〈司会者総括〉

　「先住民族の教育権保障に関する国際比較」（科研費基盤研究 A）（研究代表者：岩﨑正吾）に始まり、「豪州の大学における先住民族主体の専門職養成・能力開発システムの構築に関する研究」（科研費基盤研究 C）（研究代表者：前田耕司）[1]に引き継がれた先住民族教育に関する国際共同研究のプロジェクトも７年目を迎える。この間、２０１２年の研究大会をはじめ、２０１３年大会、２０１４年大会、２０１７年大会の課題研究において、ロシア、オーストラリア、台湾など先住・少数民族教育への取り組みにおいて先進的な各国からゲストを迎え、着実に研究の成果を発表してきた。こうして積み上げてきた研究の蓄積と課題研究における議論をとおして得られた知見をふまえて、ポストコロニアル（脱植民地化）の比較研究方法（学）（Postcolonial comparative research methodology）―欧米中心の世界観に基づく概念枠組みを前提に議論がされてきたという反省をふまえて―の手法を用いて、本シンポジウムではポストコロニアルの視点から国際教育学研究の方法をどのように構築していけばよいのか。言葉をかえると、国際教育学として先住民族教育研究とどのように向き合えばよいのか考えるというのが本シンポジウム設定の趣旨である。
　具体的には、国際教育学を看板に研究を行ってきた学会として、海外をフィールドとする先住民族教育研究の成果をどうフィードバックするか。果たして、日本の先住民族のコミュニティの発展につながる仕組みの構築に向けて示唆を与えるなど、多少なりとも還元できているであろうか。これらは、アイヌ民族を「先住民族」と初めて明記した「アイヌの人々の誇りが尊重される社会を実現するための施策の推進に関する法律」（以下、「アイヌ施策推進法」と略記）が2019

年5月に施行されたいま、国際教育学として精緻に検証する必要がある喫緊の検討課題ではないだろうか。ポストコロニアルの起点となる「先住民族の権利に関する国際連合宣言」(United Nations Declaration on the Right of Indigenous Peoples, 以下「先住民族の権利宣言」と略記) が国連において採択されて以来12年を経て、ようやく施行された「アイヌ施策推進法」であるが、自己決定権や先住権が条文に反映されていないという課題も指摘される。「先住民族の権利宣言」が採択され、「アイヌ施策推進法」が施行されてもなお、ポストコロニアリズムに向けての法整備は進められていないのが現状である。

そうした文脈を視野に入れて、とくに本シンポジウムでは、ポストコロニアリズムにおけるアイヌ民族の自己決定とは何を意味するのかについて国際教育学の視点から考察したい。

日本におけるアイヌ民族研究のあり方を考えるときのベンチマークとされるのが、１９８４年にウタリ協会によって可決された「アイヌ民族に関する法律」(非国家法) と考えられる。同法はドラフトとされるが、「法における国家法と非国家法の併存を認める」[2] という浅野有紀の法多元主義の視点からすれば、アイヌ新法として採択されなかった非国家法として位置づき、先住民族の権利宣言との整合性は高いと見られる。

アイヌ民族研究における自己決定については、本法律 (非国家法) の第３条「教育と文化」の項の第５項に、先住民族研究のあり方を示唆する条文がある。

「従来の研究はアイヌ民族の意志が反映されないままに一方的に行われ、アイヌ民族をいわゆる研究対象としているところに基本的過誤があったのであり、こうした研究のあり方は変革されねばならない」[3] とする条文は、アイヌ民族を研究主体としてリスペクトし、アイヌ民族の同意を得ながら研究を進めるという研究方法を示唆しているといえよう。オーストラリアのアボリジナルの研究に取り組む研究者の多くは、アボリジナルを研究主体に位置づけて、ポストコロニアルのスタンスに立った研究チームを組織する場合が多い。例えば、オーストラリアのモナシュ大学の先住民族の研究チームでは、アボリジナルの研究に関して、アボリジナルの同意を得ながら、アボリジナルの主体性を尊重した研究を遂行するという考え方が一般的である。Both Ways EqualityやBoth Ways University Educationと呼ばれる研究方法がそれである。調査等の仕方などのテクニカルな

部分にばかり目が向き、研究の本質を見失っている昨今の研究のあり方に警鐘を鳴らしているといえよう。

　以上のような論点をふまえて、まず、アラスカのファーストネーションズの研究およびアイヌ民族教育に研究の蓄積のある北海道大学のゲーマン（Gayman,J.J.）会員に「アラスカ先住民教育研究から見たアイヌ民族教育研究の課題—比較研究の限界とローカルな視点の重要性—」について提起いただいた。続いて平取町立二風谷小学校におけるアイヌ語学習の講師として長年携わって来られた関根健司氏に「平取町でのアイヌ語学習の取り組みとアイヌ語公用語化への展望」と題して、アイヌ語学習の実践者としてアイヌの子どもたちに寄り添いながら、どのように教育実践を進めているのかについて報告いただいた。両氏にはそれぞれの研究・実践の立場からアイヌ民族教育研究・先住民族教育研究の課題について問題提起をいただいた。そして最後に、萱野茂二風谷アイヌ資料館の館長であり、エフエム二風谷放送で編成局長兼パーソナリティーを務める萱野志朗氏にコメンテーターとして、各報告にたいする総括と知見を提示いただいた。

　いずれにしても、今回のシンポジウムを国際教育学の研究の方法を考えるうえでの議論の出発点として位置づけ、国際教育学としては、これまでの研究方法に対する批判を真摯に受け止め、国連や ILO などの国際機関や国際法の動向分析を視野に入れつつ、先住民族と非先住民族の両者が問題を共有し、共に解決するという相互の関係性の構築をめざす研究のあり方を模索・検討する必要があろう。

【注】
1）なお、同研究課題については、早稲田大学2016年度特定課題研究助成費の交付を受けている。
2）浅野有紀『法多元主義—交錯する国家法と非国家法』弘文堂、2018年、p. ii .
3）参考資料「アイヌ民族に関する法律（北海道ウタリ協会案）」ウタリ問 題懇話会『アイヌ民族に関する新法問題について—資料編—』1993、p.3.

アラスカ先住民教育研究から見た
アイヌ民族教育研究の課題
—比較研究の限界とローカルな視点の重要性—

ジェフリー・ゲーマン
（北海道大学大学院教育学院）

挨拶

　発表の機会をくださり、感謝しています。また、地域で活躍されている萱野さんと関根さんと一緒に発表をさせていただくことは誠に恐縮です。

先住民族教育運動（歴史）

　第二次世界大戦の終戦後、アフリカやアジアにおける国々の独立、戦争の行き過ぎに対する反省により生まれた人権意識、1960年代から始まった公民権運動などの影響を受け、ポスト—コロニアルの視点はこの半世紀ほど広がりと深まりを見せている。また、関連する先住民族の権利回復運動の成果、2007年9月13日に国際連合で採択された「先住民族の権利に関する国連宣言」（UNDRIP）を中心に、先住民族の権利の国際比較研究は近年増えつつある。同時に、特に主流社会の概念的枠組みの影響を緩和し、先住民族の世界観、言語、文化を教育の中心に据えようとし、あらゆる教育のレベルと形態に先住民族のプレゼンスと声を重視し反映させようとしてきた「先住民族の教育運動」が展開されてきた。

発表内容、発表者紹介

　本発表では、大学院時代にアラスカ大学フェアバンクス校で二年間過ごし、先

住民族教育学を研究した2004年〜2005年の経験、その後の先住民族出身の教育学研究者との交流経験を元に、アラスカの先住民族教育研究を紹介するとともに、日本におけるその適用可能性の課題を、ここ10年の発表者の取組みに関連し、検討したい。特に強調したいのは、まず、アラスカ州内の地域的多様性や特殊性、次に法や教育行政といったマクロの視点の他に、一定の地域もしくはコミュニティー内の、ミクロの力学に配慮する視点の重要性である。とりわけ、当事者先住民族の視点を優先しようとしてきた発表者が取り組んできた共同研究における発表者の経験と失敗からみえてきた課題を、文脈に即して紹介する。

　発表者のバックグラウンドを少し紹介すると、2003年から北海道の現地調査に取り組んできた。2012年に北海道大学に赴任してから「北海道における先住民族の「知」に関するアクション・リサーチ研究」という研究活動や、北海道大学教育学部「ESDキャンパス・アジア・パシフィック」教育プログラムで、平取町のフィールドワークに力を注ぐ一方で、アイヌの大学院生や人権運動に携わっているアイヌの人々を応援してきた。

テーマの意義

　僭越ながら発表者が考えるに、会場におられる皆さんにとって、先住民族の教育というテーマには二つの意義がある：

1）グローバル教育の一環として、発展途上国における開発教育との関連。つまり、グローバル化時代に、発展途上国や「フォース・ワールド」(先進国内の先住民族)への理解は経済,政治等の力学への理解につながる。この中に、関根さんが言っている、先住民族から学べる知恵の側面もあろうかと思う。

2）一方で、当事者が自らの事を自ら決め、開発の方向性を自ら方向付ける（いわゆる「自己決定の権利」）ことを援助する仕方をめぐる課題を検討する手がかりとなることを期待したい。ここは萱野さん、関根さんのインプットを是非乞いたいところである。

　後者の方と関連して、もう一つ、先住民族出身の学生が在籍する高等教育機関に勤務する支援の側面もあり得ると思う。これには先住民族出身の大学院生（学者の卵）や、地域開発に関する、地域参加型共同・応用研究（地域開発学、教育

学、等）が含まれると言えよう。

留意点と課題

　次に、誰であれ先住民族のエンパワーメントを応援しようとするのなら、二つのアプローチがあることを留意しなければならない：「草の根」と「政策重視」。日本、少なくとも北海道では、前者の「草の根」アプローチのみを支援しようとする傾向があるかと思う。実際に北海道で研究を通してアイヌ民族の教育システムの構築を目指そうとしてきた私が、実体的な課題にぶつかり、必要に迫られて関わるようになったのは後者である。本当に総合的な民族教育の発展を実現しようとするのなら、両方に力を入れないといけないだろうが、そこには後に述べる壁が潜んでいる。

先住民族教育学の誕生

　さて、重要な視点として取り入れないといけないのは、そもそも先住民族教育という取り組みが出てきた背景的状況ということである。世界中の先住民族（と呼ばれる人々）は植民地化・同化政策の一環として行われた同化教育を経験する中で、先住民族の文化・言語の禁止、カリキュラムにおける不在、文化を配慮しない教授法、教育における地域住民の不在、主流社会の言語、文化、価値観の押し付け等といった負の体験が共通している。

　これに対し、冒頭に触れたように、先住民族の教育運動は主流社会の概念的枠組みの影響を緩和し、先住民族の世界観、言語、文化を教育の中心に据えようとし、あらゆる教育の段階と形態において先住民族の存在と出番を重視し反映させようとしてきたのである。これはしばしば地元の大学との共同で展開される活動であり、また、そこに国際的なネットワークの支えも存在している。

アラスカ州の先住民族教育の特殊な背景

　アラスカはアメリカ本土と離れ、カナダとロシアの間に位置するアメリカ合衆

国49番目の州であり、1867年に帝政ロシアから米が購入、1959年までは準州であった。そもそもアラスカ州はテキサスやハワイ州と同様、特異な教育政策体制を有するが、アラスカ州の先住民族教育を理解するのにそれと並んで重要なのはアラスカの先住民族が置かれている地理的、社会的な状況、およびアメリカ合衆国全体が対国内先住民に対し有している法的体制である。

　先住民族、つまりアラスカ・ネイティブが州の人口の約15％を占め、そのうちの80％が僻地の先住民族村に住み、現在でもサブシステンス生活を送っている。地域的な文化的・社会的多様性が著しく、植民地の経験は部族・民族によって非常に異なる。「コンタクト」（白人との接点・接触）は1743年の帝政ロシア進出から接触のあるアレウト民族から、20世紀後半まで接触がなかったイヌピアット民族まであり、遺産言語の衰退化の状況や西洋型教育に対する願望が発生した時期に大きなばらつきがある。

　地域開発を教育の観点からとらえるなら、考慮しないといけない二つの重大な要因に、1971年の先住民族土地請求解決法の結果設立された12の「先住民族会社」の存在と、アラスカの先住民族の法的位置づけである。後者の方では、231の先住民族村が自律的なネイションとして、政治的にはアメリカ合衆国政府と対等な関係性にあるとされている。ともに、保健福祉、住宅、教育等において連邦政府の様々な政策的な恩寵を受けている。合衆国内の先住民族の文化権や言語権に対して―少なくとも名においては―援助を享受することを保障するBilingual Education Act（1967）、Indian Education Act（1972）、Indian Education and Self-Determination Act（1975）、Tribal Colleges Act (1978)の対象となっている。1995年に開始され、全国科学機構などが主催し、アラスカの先住民族文化をカリキュラムや教授法を大いに中心に近づけたRural Systemic Initiative（横断的体系的地域向上事業）は全国レベルで実施される中、対象地域の多くが先住民族のリザベーションになっていたことはこのことと決して無関係ではないであろう。

　一方で、前者の「先住民族会社」の意義は、1974年にアラスカ先住民族連盟・アラスカ大学共同の大型調査により実現された1975年の広域通学区の制定や、一定の人口以上の先住民族が居住する地域に、彼らが通学できる高校が全州に設立されることに帰結した1986年のMolly Hootch判決といった社会的課題に、地

域の先住民族が誇りを以て地域生活の向上に取り組む運動において見られる。また、アラスカ大学における先住民族支援の教育・研究に「先住民族会社」が中心的な後押しをしていることは特筆に値するであろう。

　結果として、アラスカの先住民族教育・研究は地域文化に根差した教授法の維持・発展やそれに従事する先住民族出身の教育者・教育経営者・研究者の養成、また凄まじい数の地域に根差した教材の開発に結んでおり、高校におけるネイティブの科学コンクール、公教育における先住民族の文化的指針、外部教員を地域の先住民族の古老からオリエンテーションをうける野営体験等といった、あえて先住民族の文化を教育の中心に据えさせるための様々な工夫、仕組み、地域ぐるみの運動が見られる。一方でそこにアラスカ大学が中心的な役目を果たしていることも特筆に値するのであろう（当発表当日はこれらを含む様々な事業の詳細を説明するプリントを「別紙」として配布したが、ここで紙幅の関係で割愛する）。

アイヌ民族の教育・研究への適用―課題―

　ここで述べるのは時間（紙幅）の関係で、結果論的なことに限るが、冒頭で述べた発表者が15年来、アイヌ民族の地域向上にむけた研究活動の知見によるものである。

　まず、再び断らないといけないのは、アラスカのような総合的な教育の権利を獲得しようと思うのなら、政策重視か、それとも草の根重視かという課題である。これは、ある一部のアイヌの方々から言わせれば、権利のための戦いをするか、と言い換える問題であろうが、政策の変容を狙うアイヌの教育者はごく一部でしかないことを先ず確認しておきたい。

　次に、政策全体を変容させようとするアイヌ民族からの主体的な動きの課題について。発表者はアイヌ政策検討市民会議という、アイヌ、学者、一般市民が関わっている団体に所属している。この団体には北海道アイヌ協会という最大のアイヌ代表組織と自称している人たちとは別の団体を成している様々なアイヌの集団の代表や中心メンバーも入っている。

　教育行政や教育財政を大きく左右するアイヌ政策全般に関する対抗策との関連で、地域的・個人的な多様性により生じる合意形成の困難さという問題がある。

非常に断片化されてきたアイヌ社会、アイヌの権利回復運動の形骸化が、発表者が取り組んできた「市民会議」の活動から見えてくる。そこに、非先住民族の専門家と当事者との微妙な関係性、コミュニケーションを複雑化している要因を更に突き止める必要性が潜んでいる。また、それぞれのコタンの主権的体制の名残としてのプライド、地域的・個人的な多様性により生じる合意形成の困難さも生じており、これによるズレが、2019年4月26日に成立した、地域の市町村を交付金の対象とする「アイヌ施策推進法」の実施体制も助長しているといえよう。

次に、近年はアイヌ民族出身の若手研究者の海外出張、海外の学会での発表・交流等により、徐々に先住民族学の視点はこれらの研究者の論稿や発表に現れつつある（石原、2018、北原、2018、2019）。しかし、一方で、2015年の時点で、発表者が一部のアイヌの若手研究者や文化実践者たちとともに、3000人以上の先住民族自身も参加する先住民族学会・大会に参加した時、これらの視点を踏まえ行動に移すほどのレディネスが見られなかった。

当時の研究プロジェクトに対する発表者自身による自由意思による、事前の、十分な情報に基づく同意の原則の厳守が足りなかった側面や、プロジェクトマネージメントの課題も見られたものの、それ以降にそのような点を改善しようとしても残る課題もあげられる。特に、アイヌの文化実践や教育に携わっており、「教育」に対し理解があるアイヌの人々が、居住する地域の地域的活動による多忙さによる束縛も、これらの課題と深く関係しているように思われる。つまり、当事者たちの日常生活が共同研究ができる環境を阻んでいる可能性がある。

更に、「アイヌ施策推進法」の複雑な仕組みや、集団としてのアイヌの人々の声を反映しづらくしている点に代表されているかのように、アイヌによる民族教育（たとえば、民族学校）の実践や国公立の大学でのアイヌ民族出身の学生・研究者を対象とした支援体制の不在が、発表者が勤務する北海道大学で先住民族教育研究を促進しようとする言動を困難にしていることも否めない。

アイヌ民族の教育・研究への適用—展望—

一方で、同シンポジウムで発表する関根健司氏らにより行われている様々なアイヌ語教育の取組み、平取町の小中学校や千歳市立の末広小学校のアイヌ文化学

習の実践、札幌大学のウレシパプログラム、白老のアイヌ民族博物館で行われてきている「アイヌ文化担い手育成事業」にアラスカの取組みに劣らない熱意を感じる。また、平取町の二風谷地区や阿寒湖温泉に、アラスカの先住民族教育の成果の一つで、かなり反響している「文化キャンプ」の萌芽的な様子も見られる。更に、アイヌの地域住民と連携し、教育プログラムにアイヌの視点を優先的に取り入れている、北海道大学教育学部主催「ESDキャンパス・アジア・パシフィック」プログラムがある。そこに、アラスカの先住民族教育研究の萌芽的な要素が見られ、地域住民が一定程度の具体的な活動に継続的に取り組んでいる活動と連携を取ることを通して、地域主体の共同研究(教育)の可能性に手ごたえを感じる。

むすびに

　上述したように、アラスカ州の中でも、歴史的にコンタクトが異なったことにより、遺産言語の維持は危ぶまれており、また、これと相まって地域的な経済的な格差などにより、アラスカ大学の凄い先住民族教育・研究の成果の恩寵を等しく受け入れているわけではない地域もある。このような現状を把握するために、よりミクロな視点を持つことが必要であろう。また、日米の異なる法的・政治的体制により、安易な比較研究や発想の直輸入は危険であろう。少なくとも、15年間アイヌの教育開発に取り組もうとしてきた発表者はその壁にぶつかってきた。
　一方で、非先住民族がアイヌ民族と協力、あるいは非先住民がアイヌ民族と海外の先住民族との交流をすることに協力し、十分な決意に基づいた根気と柔軟性を以て、アイヌ民族の言語的・文化的活動の支援に継続的に取り組む。その場合、現行制度の限界のために、アラスカに見られるようなインパクトのある先住民族教育の取組み程に成果は期待できないかもしれないが、アイヌ民族の視点が教育研究に反映されることは期待できる。上記で触れたアイヌ民族内部の地域的、個人的な多様性に最大限の注意を払いながら、真摯に活動に取り組み続けたい所存である。

平取町でのアイヌ語学習の取り組みと
アイヌ語公用語化への展望

関根 健司
（アイヌ語講師）

平取町二風谷アイヌ語教室子どもの部

　北海道沙流郡平取町二風谷では毎週1回、木曜日の18:00～19:30の1時間半、「二風谷アイヌ語教室子どもの部」が開催されており、現在20名の幼稚園児から高校3年生までの子どもたちが通って来ます。私はここで講師を務めています。これは、1983年に、故萱野茂氏が始めた「アイヌ語塾」が起源となっており、以来ずっと続いているものです。平取アイヌ協会主催事業として行われていますが、平取町から運営資金が毎年捻出されていることが今日まで続いている大きな要因の1つです。授業の内容は毎回アイヌ語の歌から始めます。「もりくまさん」や「大きな古時計」をアイヌ語の歌詞にしたものを私のギター伴奏で歌います。これは私が先住民族交流で2013年に始めてニュージーランドを訪問した時に出会った各地のマオリたちがマオリ語の歌をアコースティックギターの伴奏で、みんなで歌っているのを見たのがきっかけです。言語の習得にはとても効果的だと感じたのでそれ以来、実践しています。教室の始めには5、6曲歌いますが、レパートリーとしては20曲ぐらいあるでしょうか。最近、2020年2月にニュージーランドに行き、コハンガレオ（言語の巣〔マオリ語だけで全て行うイマージョンタイプの幼稚園〕）を見学させていただいたのですが、そこの先生は「とにかく小さい子は歌だ。言葉を教えようとしなくてもいい。歌をたくさん歌うことで直ぐにたくさんの言葉を覚える」ということを言っていました。アイヌ語の歌をたくさん作って歌う、ということは今後もっと力を入れて開発していきたいと思ってい

ます。その次に、アイヌ語のラジオ体操をおこないます。これは私が2014年に
STV札幌テレビ放送の「STVラジオ アイヌ語ラジオ講座」講師を務めた時に支
援協力者だった北海道大学の北原モコットゥナ゜先生が発案、アイヌ語歌詞を作
成したものを私の声で吹き込み、ラジオ講座で始めて紹介したものです。この音
声はこの春（2020年）、アイヌ民族文化財団がCD化し、各施設に無料配布する
予定になっているので、さらに拡散利用されることが期待されます。授業ではこ
のアイヌ語のラジオ体操の音に合わせて、ただ踊るだけではなく、大きな模造紙
にアイヌ語歌詞を書いたものを貼り出して、それを毎回、口に出して言うことを
子どもたちとやっています。そうすることでアイヌ語の数字や、体の部位、動き
を表す単語を自然と覚えます。その次は、紙芝居と言っていますが、アイヌ語の
お話を紙芝居形式にしたものをみんなで声に出して語る、ということをしていま
す。これはアイヌ語の短いお話、何でもいいのですが、お話の場面の絵が描かれ
た紙をめくるたびに、その場面のアイヌ語を全員で声に出して言う、というもの
です。絵には文字が何も書かれていなくても構いません。まずは私が声にだして
アイヌ語を言い、それを子どもたちが復唱する、ということを何度も何度も繰り
返すと、子どもたちは数か月でアイヌ語を全て覚えてしまい、絵を見るだけで、
その場面のアイヌ語を連想できるようになります。これまでは、短いお話や、パ
ナンペペナンペ譚（川下の者と川上の者〔一方の男がいい思いをし、それを真似
たもう一方の男が失敗する、という型の話〕）などをやっていましたが、最近は
知里幸恵さんが著した有名な、アイヌ神謡集の中の1話「タノタ フレフレ〔こ
の砂赤い赤い〕」というお話をやっています。これらもアイヌ語を教える、とい
うより慣れさせる方法だといえます。アイヌ語オリジナルのお話だけではなく、
今後は日本の昔話などもアイヌ語にしてやっていきたいと思っています。授業の
流れとしては、その後、アイヌ語単語のカルタをすることが多いです。カルタは
競争意識を燃やしてゲーム感覚で取り組めるので子どもたちにはとても人気で
す。しかし本当の意味での言語の習得を考えると、効果が薄いのではないか、と
も思います。何回も同じカルタをやっていても、子どもたちは、単語とその意味
を関連付けてはいないような様子が見受けられるからです。それを定着しようと
して、札を取ったあとで、全員で復唱したり、説明を加える、というようなこと
も試みましたが、そうすると競技としてのスピード感がなくなってしまい、子ど

もたちには面白くないようです。ですからカルタは、授業内の息抜き、楽しみ、という位置付けで、これが言語を取得するためのメイン教材とはなり得ないのではないか、と感じています。その後は、おやつの時間をはさんで、踊り（アイヌ古式舞踊）の練習を行います。女の子の踊り2つ、男の子の踊り2つ、全員での踊り2つ、くらいをひと通りやると、終了の19:30前になるので、これもあまり時間をかけられませんが、踊りの練習が1番好きだという子どもも多く、また実際に、北海道内外、いろいろな場所で開催される、アイヌ文化フェスティバル、のような催しに呼んでいただいてステージで披露する機会も多いので、踊りの練習も欠かせない要素となっています。

　以上が現在、全国で唯一おこなわれている、子どものアイヌ語教室の内容です。これ以外にもアイヌ語を使ったジェスチャーゲームのようなものや、決まったアイヌ語フレーズを使った会話のキャッチボールの練習などを取り入れることもありますが、そうするには時間の制約で普段やっていることの何かを省略しなければならなくなります。見学に来られる方は皆一様に「子どもたちが想像以上にアイヌ語を喋っていて、びっくりした。みんな元気で楽しそうなのが印象的だった。」というような感想を述べられます。アイヌ語教室、という名前から、もっと勉強していて、先生が板書したものを子どもたちがノートに書き写して、というものを想像する方が多いようです。実際に始めた頃は私もそのような授業を試みたのですが、子どもたちは、座らされているうちに退屈になり、すぐに眠たいような顔になってしまいます。これではダメだ、ということで、もっと遊びの要素を盛り込んで、楽しめるようにしようと、楽しむことを第一に考えるようになりました。しかし、本当にアイヌ語が喋れるようになるためには圧倒的に時間数が足りないことを実感しています。いかにしてもっとアイヌ語に接して、アイヌ語を使う時間を確保するか、ということが大きな課題です。

　この春（2020年4月）からは、週1回だった「二風谷アイヌ語教室子どもの部」を2回にすることにしました。私は平取町職員ですが、今までは、平取町立二風谷アイヌ文化博物館の学議員補として主に来館者への展示解説などをしてきました。しかし、この春からは、教育委員会生涯学習課教育係という部署に異動し、主に小中高校でのアイヌ語・アイヌ文化学習拡充のために各学校に出向いての授業や、さらに次年度以降に町内各学校でアイヌ語・アイヌ文化学習を本格的に導

入していくためのカリキュラム作りなどに専念することになっています。うまくいけば町内どこの学校でも、どの学年でもアイヌ語・アイヌ文化学習を年間10時間ほど導入できるようになるかも知れません。これは平取町内の全学校で学年ごとに、やる内容を変えて年間10回やろう、という計画です。

二風谷小学校のアイヌ語学習

すでに平取町立二風谷小学校では5年前からアイヌ語学習を年間10時間導入しており、私はこの授業に外部講師として毎回出向いています。1年のうち、1回目は前年度の復習、10回目は1年間の復習ですが、それ以外の8回は2回を1セットとしてテーマを決め、その回のテーマに関連した基本的なアイヌ語を紹介したり、文化を紹介したりしています。テーマとは、山菜について、とか、料理について、地域の伝説について、天気について、などいろいろあり、これらはアイヌ語学習担当の先生と考えて決めるのですが、例えば4年間で1周し、また始めの年のテーマに戻る、のような組み立てにしてもいいのではないか、というような相談をしているところです。二風谷小学校では、今は全校児童（2019年度は15人）対象に体育館でやっています。年間10回ということは、8月、3月をのぞき、月1回の1時間だけということです。時間としては圧倒的に少ない、ということを感じていますが、これは初めの第一歩です。学校でのアイヌ語学習は始まったばかりです。この時間数をいかに増やせるか、取り組む学校をいかに増やせるかが大きな課題です。現在は総合学習の時間を使って細々と、アイヌ語学習は地域学習の一環、という位置づけで行っていますが、もっと大きな枠組みで、時間をかけて出来ないものか。そのためにも、アイヌ語を北海道の公用語にしよう、という動きがもっと活発になって欲しいと思っています。

アイヌ語公用語化への可能性（マオリ語の例を参考に）

「今は実際にアイヌ語を流暢に喋れる人がいないのに、何のためにアイヌ語を学校で教える必要があるのか。そんなことをやるなら、国語、算数、英語にもっと力を入れろ。」という声を実際に聞きます。現在はアイヌ語の社会的地位が高

くないので、こういった意見が出るのもある意味、仕方がないと思っています。アイヌ語の社会的地位が高くない、というのは、今はアイヌ語が出来たとしても、何か就職に有利だとか、実用性がある、という状況ではないということです。しかし、それならば、そういう状況を作り出していこう、というのが私の意見で、それを端的に言うと「アイヌ語を北海道の公用語にする」ということになります。「誰も流暢に喋れない言葉を公用語にするために、どうして巨額の公費を投入しなければならないのだ」という意見があるでしょう。しかしこれには発想の転換が必要だと思います。これは無駄なことへの税金投入ではなく、未来への先行投資です。どの地方でも他地域との差別化をはかり、自己のブランド化をはかりたいと思っています。アイヌ語、アイヌ文化は地域独自の、他にはない財産です。幸いアイヌ語はデータが大量に保管されているので、それらを活用し、また新たな表現も開発していくことで、十分日常会話語として復活する可能性があります。アイヌ語を知ることによって知り得る知識は、アイヌ民族が永年この地で培ってきた知恵であり、それらには自然との共生、持続可能な社会の実現など、今日の人類が直面するテーマへの回答も、ふんだんに含まれています。非アイヌ民族であっても学ぶべきことが多いものです。特に北海道民なら「我が郷土の文化」という意識でアイヌ語を自分ごと、として学び、アイヌ文化を実践していくことが出来るのではないでしょうか。そうすることにより、地域の独自性を推し進めることにもなります。それが上手くいっている例が、ニュージーランドのマオリ語、マオリ文化です。今では、マオリ語だけで行う幼稚園や学校がたくさんあります。テレビもマオリ語で放送する局があります。ラジオ、書籍、新聞などでもマオリ語の媒体は社会に溢れ、マオリ語が出来ることで就ける職業もたくさんあります。マオリ語の社会的地位が今も、どんどん高くなっている様子が分かります。ですから、今では多くの非マオリ民族のニュージーランド国民がマオリ語を学んでいます。マオリ語が社会生活するうえでの有効なスキルとなっているのです。

　現在はこのようなニュージーランドでも40年前はこうではなかったと言います。マオリ語だけで教える幼稚園などが始まった頃には多くの人が「こんなのは上手くいかない。絶対に失敗する」と言っていたそうです。それが見事に成功し、言語復興が実現している。この事実に私はとても勇気づけられます。もちろん、日本とニュージーランドでは状況も、ずいぶん違いますし、何もかも同じように

131

は進まないでしょう。しかし、多くの人が本当に信じ、そこに向かって進めれば、アイヌ語復興も実現可能なのだと思います。

　先住民族交流を考えた場合、特にニュージーランド、マオリ語の成功例をより多くの人に知ってもらいたいです。そして、日本でアイヌ語を学ぶことの意味、アイヌ語の可能性などに思いを巡らせ、アイヌ語復興運動に賛同、参加する人が今後益々増えることを望んでいます。

公開シンポジウムI「国際教育学の課題と方法を考える ―ポストコロニアルの先住民族教育研究をふまえて―」

〈コメンテーター〉

萱野 志朗
（萱野茂二風谷アイヌ資料館）

　ただいまご紹介をいただきました、萱野志朗と申します。私は「萱野茂二風谷アイヌ資料館」の館長で学芸員も兼務しております。実は、私は32歳のときに佛教大学の通信教育学部で学芸員の資格を取りました。4年制の大学は卒業しているので、学芸員課程の単位を取って博物館学芸員の資格を取りました。京都へ久々に訪れると、何か懐かしい感じがします。博物館学芸員課程における博物館実習のスクーリングが7月の暑い時の1週間でした。クーラーの効いたホテルの内側から窓に触れるとすごく熱くて驚きました。京都の夏はすごく暑いところで、冬には雪も降るのに夏は暑いなあ、と思いました。

　私の役目は、ジェフリー先生と関根先生お二方の報告について私の視点でお話をしたいと思います。ジェフリー先生は、以前に二風谷で関根家に宿泊しながら、またアパートを借りてトータル2年くらい二風谷に住んでいたので、地元の子どもたちにも「あ、ジェフだ、ジェフだ」と言われ、子どもたちは先生と呼んでいません。私も通常個人的には「ジェフ」と呼んでいます。それだけ皆に親しまれているのだなあ、と思っています。北海道大学に就職する以前は、二風谷や阿寒に長期間にわたり住んで、アイヌ語の教育状況を研究され、論文を書いています。

　ジェフさんが報告した中で、アイヌ民族の合意形成が困難な状況にある、というお話がありました。その理由は、アイヌ民族は団結するのが苦手なのです。私は2012年1月21日にアイヌ民族党という政治団体を結成いたしました。私が初代代表で、現在も代表です。その結党大会へ集まったのはたった150人でした。いや、「たった」ではなく150人でも多い方かもしれない。その中にはもちろんアイヌもいますが、大和民族も含まれています。150人の方が江別市に集まりア

イヌ民族党を結成し、私は民族党の代表を務めていますが、ジェフさんの指摘のとおり、アイヌ民族が一丸となって何らかの権利を獲得するのは非常に難しいのです。それはなぜかというと、やはり地域ごとに力が分散しているからです。例えば平取、日高地方、阿寒地方、旭川など。その地域、地域では一つの集団になっているが、それが全国規模とか北海道規模という形での力が結集しにくい。そういうことを私は感じています。

　ジェフさんのもう一つの指摘では、アイヌの教育問題に関して無関心な学者が多いということ。それは多分北海道大学の中で同僚に働きかけたとしても、アイヌ民族の言語教育、その他いろいろなことに関して関心が薄いということだと思います。北海道大学の先生の中には、いわゆるアイヌ問題、正確には「アイヌ民族を取り巻く諸問題」に興味を持っている方、あるいはアイヌ文化に興味のある方、アイヌ語に興味のある方、アイヌの歴史に興味のある方、などいろいろな人がいます。

　または北海道旧土人保護法、明治32（1899）年に制定された法律がなんと98年後の1997年に「アイヌ文化振興法」（正式名称：アイヌ文化の振興並びにアイヌの伝統等に関する知識の普及及び啓発に関する法律、法律第５２号）が出来て初めて廃止されました。その97年に制定された法律が、なんと今年（2019年）の５月24日にアイヌ施策推進法（正式名称：アイヌの人々の誇りが尊重される社会を実現するための施策の推進に関する法律、平成31年法律第16号）という法律が施行され「アイヌ文化振興法」は廃止されました。先ほど別の教室で、上野昌之先生からアイヌ施策推進法について講義があり、私も聴かせていただきました。あの法律は、以前の「アイヌ文化振興法」と比べてもかなり後退しているのです。なぜかというと、国がイニシヤチブを取りアイヌの文化を振興するのではなく、アイヌ民族が居住する各自治体に全て任せる。したがって、自治体が国へ計画を提出し交付金を得て、その交付金で政策を実施しなければ、何も行われないことになります。お金は出すが計画と実施は各自治体任せというのは、非常に無責任な話だと私は思っています。

　話を戻します。まず、アイヌがなかなか団結出来ない。アイヌの教育問題への関心があまり高くない大学の先生が多いのも事実だと思います。

　もう一つ指摘がありました、「教育のための世界先住民族会議（WIPCE）」と

いうのがあり、私は2008年にオーストラリアのメルボルンであった会議に参加しています。そのときには北海道大学から旅費等を出していただき、小野有五先生（当時、北海道大学の教授）、現在（公益財団法人）アイヌ民族文化財団の職員の川上将史さん（当時、北海道大学アイヌ・先住民研究センター職員）、石井ポンペさん、結城幸司さん、そして私とジェフさんとで行きました。その時も言語教育ということで私は発表をさせていただきました。そのあと2011年8月にペルーのクスコで会議がありました。そこへは私も行き、アイヌ語の日本における現状についてお話をさせていただきました。2008年の会議を通じてジェフさんと一緒に「先住民族の教育」でいろいろな発表をさせていただいております。また、ジェフさんが文部科学省の科研費を獲得して3年をめどに共同研究をしていますが、そのメンバーの一人という関係でも一緒に活動をさせていただいております。

　話は変わりまして、もう一つ、関根健司さんの紹介がいろいろありました。一生懸命アイヌ語の普及活動をされていることは承知していますし、本当に積極的にやっていていいなあ、と私は思っています。

　私の自己紹介をさせていただきますと、私自身は1988年1月から平取町二風谷アイヌ語教室の事務局員となり、その4年後に事務局長になり、現在も事務局長ですが、アイヌ語教室の運営その他についての実務は、ここ10年ぐらいは全て私の妻・知子がやっており、私は「成人の部」の「アイヌ語会話」を年に4コマだけ担当しています。そのほかの分野は、89歳になる木幡サチ子さんに講師をお願いしています。

　例えば、アイヌ語で自己紹介すると「タント　アナクネ　ニシパウタラ　カッケマッウタラ　ウェカラパ　ワ　ソンノイヤイライケレ。クレヘ　アナクネ　カヤノシロウ　ネ。ニプタイ　コタノルン　ワ　ケク」という感じです。「今日は、紳士淑女の皆さま、お集まりいただきありがとうございます。私の名は萱野志朗で、二風谷コタン（集落）から来ました。」という簡単な自己紹介ですが、これを文字に起こして、みんなに配ってもらいます。

　大人向けのアイヌ語教室の授業は非常に難しいのです。その理由は、受講生の中には、昔生活の中でアイヌ語を聞いて育った人たちがいます。私はあとからア

イヌ語を勉強したものですから、本当のアイヌ語の発音が分かりません。私のアイヌ語の発音が合っているのかどうか。私の小さい頃には「ワッカ　エンコレヤン（水をください）」とか、いくつかのフレーズを実際に聞いたことがあります。子どもの頃は「シネプ（ひとつ）」「トゥプ（二つ）」「レプ（三つ）」「イネプ（四つ）」「アシクネプ（五つ）」「イワンペ（六つ）」「アラワンペ（七つ）」「トゥペサンペ（八ツ）」「シネペサンペ（九つ）」「ワンペ（十）」なども知りませんでした。その時、英語のワン、ツー、スリー、フォワー、中国語のイー、アール、サン、スーは知っていたのに、逆にアイヌ語の数字は分からなかった。

　私は29歳まで、東京で会社勤めをしていました。満30歳になる３か月前に会社勤めを辞めて、アイヌ語教室の事務職員の職を得てアイヌ語普及の仕事をしています。現在、私のような立場、またはアイヌ語だけを研究し給料を得ているのは、大学の先生以外はほとんどいません。したがって、アイヌ語学習のモチベーションも上がらないのです。現在、アイヌ語の能力検定試験もありません。仮に能力検定試験があったとして、アイヌ語検定試験で１級を取ったら何か職を得られるという保証もありません。第一、仮にアイヌ語が理解できアイヌ語を日本語に翻訳できたとしても、仕事は一部の人にしか来ませんし、アイヌの翻訳等だけでは生業にはなりにくいのです。このような社会環境もあるかと思います。

　あと、健司さんが言っていた「アイヌ語を公用語にせよ！」というのは私も大賛成です。これは北海道内だけでもいいのですが、公用語にすれば必ず爆発的な勢いで普及すると思います。そうなればしめたものです。私も、北海道の一部の地域でもよいので公用語としてアイヌ語を指定すれば、アイヌ語は普及するだろう、と考えたりしています。

　成人の部は月に２回で、各2時間ずつ年間で24回です。子どもの部は毎週木曜日に1時間半。1年間で54週ありますから、54×1.5時間という時間を関根さんは子どもたちにアイヌ語を教えているわけです。私も何回か練習風景を見たことがありますが、ギターを弾いて「大きな古時計」の替え歌や「サザエさん」の替え歌をやっています。最近では「カムイ　レンカイネ（アメイジング　グレース）」や「ワンダフル　ワールド（この素晴らしき世界）」などのアイヌ語訳を歌ったりしています。アイヌ民族出身の熊谷たみ子さんというプロのシンガーが歌っていたものを、健司さんが子どもたちに教えたりしているので、非常に面白い活動

だと思っています。

　もう一つ、先ほど健司さんから紹介があった「ユカㇻと語り部」という事業があります。これは毎週土曜日、午後1時半〜2時半まで1時間やっていますが、アイヌの口承文芸の普及および語り部の練習の機会として、これは非常に効果を上げています。（公益財団法人）アイヌ民族文化財団の事業でアイヌ語教室が主管する「語り部育成事業」があります。平取町では、上記事業を使って口承文芸の語り部を養成するための講座が年間15回開かれます。その講座を受講した受講生が自分の持ち歌を修得した後、アイヌ語の語り部となってユカㇻ（英雄叙事詩）やカムイユカㇻ（神謡）ウエペケレ（昔話）などを聴衆に対して披露するのです。

　1時間を2人で語っていきますが、アイヌ語での一つの話が5分ぐらいで終わるとすると一人の持ち時間が、まだ25分あります。仮にアイヌ語で5分語ったとしたら、残り25分は自分の体験談などを話して、観客に伝えるようにしています。実はそこに出ている語り部たちは、とても話が上手になります。私は1年間全然行っていなかったのですが、1年後に行ってみたら、同じ語り部たちなのにアイヌ語と日本語の両方の語りがとても上手になっています。やはり訓練する場、あるいは発表する場があるのは、アイヌ語の語り部たちにも非常によいと思います。たぶん、口承文芸のほうも上手になっていると思います。私もアイヌ語は聞いて分かるので、筋を知っている話や何回も聴いたことのある話であればなおさらそう思います。地元には訓練できる場所が、町ぐるみでその装置を作ってあるのです。

　ただ、先ほど健司さんが言ったように、実は二風谷はアイヌ民族が多く居住する集落なのです。健司さんは300人と言っていましたが、たぶん500人弱はいると思います。そのうち7〜8割がアイヌ民族です。7〜8割といっても、旦那さんか奥さんのどちらかがアイヌ民族という家庭です。うちの父は生きているときによく言っていました。大和民族のお客さんが二風谷にいらっしゃるでしょう。すると父はお客さんに向かって「この二風谷にいる限り、あなたは少数民族だから、大切に扱いますよ」と。二風谷はアイヌ民族が多数派の地域でもありますから、アイヌ文化を継承するにはいい場所なのです。ただし、アイヌ文化、またはアイヌ語を生業として生きている人はそう多くはないということです。ですから、いまの環境では、博物館とか、資料館とか、その他の教育機関などに勤めている

人以外は、多分アイヌ語を生業として生活はできません。アイヌ語学習のモチベーションを保つためには難しい点はあります。

　先ほどの話の中にもありましたけども、「アイヌ語を話せるのは格好いい」という状況はやはりつくるべきですし、実際、健司さんがテレビや新聞やその他で実践していることはそういうことだと思います。つい最近、アイヌ文化フェスティバルが札幌であったのですが、そこに出ている子どもたちを見ても誇らしげなのです。訓練もされていますので踊りも歌も上手です。出し物ですから一応演出もあるのですが、その演出もプロがやっているわけです。出る人はちょっと自由にやりたいというところもあるでしょうけれども、演出は出し物としては完璧でした。アイヌ文化フェスティバルは私も見学に行きましたが、出演している各地域の人たちもすごく上手ですし、見応えのあるものでした。

　もう一つ、健司さんから『Ainu｜ひと』という記録映画の話がございました。これはニューヨーク在住の溝口尚美さんが、平取町に住んでいるアイヌ4人の生きざまというか、現在の様子をドキュメンタリー風に撮ったものです。そのうちの一人がなんと私の母（萱野れい子）なのです。もう1人は木幡サチ子さんという当アイヌ語教室の先生。もう一人は鍋澤保さん、農家をやりながらアイヌ文化の伝承活動をされてきた方。あともう一人は川奈野一信さん。平取町二風谷アイヌ語教室運営委員会という組織があるのですが、その運営委員長を務めている方です。この4人をそれぞれ何年間かかけて撮った90分の作品です。私たちアイヌ側の人間が見ても嫌みのないドキュメンタリー映画だなあと思いました。

　『Ainu｜ひと』は札幌にあるシアター・キノという劇場で上演されました。その時、本当は出演者に来てほしいという意図もあったのですが、お一人の方はもう亡くなって、3人の方も高齢なのでなかなか行けない。私はシアター・キノから「上映後の解説をしてください」と頼まれて、次のように言いました。「撮影者と被撮影者との間に信頼関係が十分できている。そのためにこの映画は非常によく撮れているし、見ていても嫌みもなく、そのままを記録している。この記録されたものは永遠に残るので貴重な文化遺産である」。「文化遺産」は入れませんでしたが、「貴重な史料となるだろう」と言いました。まさにそのとおりです。これは町立の二風谷アイヌ文化博物館と共同でいろいろな場面を撮影しています。そのうちの一部になります。平取町もたくさんいいことをやっていると思い

ます。
　もう一つ。二風谷小学校では総合学習の70時間のうち50時間を使いアイヌ文化の学習を行っています。

公開シンポジウムⅡ
「仏教の国際化と教育」
〈司会者総括〉

田中 潤一
（関西大学）

　本シンポジウムは2019年9月8日（日）大谷大学慶聞館において開催された。（開催時間は10：00 ～ 12：15）。本シンポジウムの趣旨は、現在における仏教の国際化の可能性を探求することにある。日本における伝統宗教である仏教は、元来インドから中国・朝鮮半島・日本へと伝来した国際的宗教であった。たとえば日本においては552（欽明天皇13）年、百済から仏教が伝来した。仏教が伝来することにより、日本固有の信仰である神道との対立、そして融合を果たし、日本独自の文化が生み出されることとなった。その後も飛鳥時代に遣隋使、奈良時代・平安時代に遣唐使が派遣され、最新の仏教が日本にもたらされた。仏教がもたらされると同時に、美術や書道などの文化・芸術面も日本において大きな発展がなされた。このように仏教は宗教面のみならず、日本社会に大きな影響を及ぼした。それに対して日本から仏教を発信することは近世まで稀であった。しかし近代において事態は一変する。明治以降我が国の仏教界は仏教思想の近代化を行ったが、同時に 世界各国への布教活動を積極的に行った。

　本シンポジウムではまず、現在世界において仏教がどのように国際化の展開を行っているのかを考察した。さらに仏教が教育とどのようにかかわっているのかを第二の考察テーマとした。本シンポジウムでは現代における仏教の可能性について、国際化と教育の視点から論じる。さらに日本における仏教教育の取り組みについて発表を行い、具体的な教材やカリキュラムについてどのように作成されているのかを発表する。そのうえで現在における仏教と教育をめぐる諸問題について議論を行う。

　第1報告は大谷大学文学部真宗学科専任講師のマイケル・コンウェイ氏に依頼

した。日本の仏教界が海外でどのような開教活動をしているかをご発表いただいた。とりわけ真宗大谷派をはじめとする仏教界が北米でどのような活動を行い、現地でどのように受け入れられてきたかをご報告いただいた。第2報告は本学会会員ゼーン・ダイアモンド氏に依頼した。インド、アジア、環太平洋地域における仏教教育の現状について検討を行ってもらい、さらに仏教に共通する教育方法について考察が行われた。第3報告は、元札幌大谷大学長・前大谷高校長・前同朋大学長の太田清史氏に報告いただいた。日本における仏教教育の在り方、とりわけ真宗大谷派（東本願寺）の宗門立の学校における取組を紹介し、その独自性や意義について発表していただいた。今シンポジウムによって、現在仏教が世界でどのように受け入れられているのか、そしてどのように評価されているのかを議論が行われた。時間が若干不足し、十分な質疑応答ができなかった感もあるが、各発表者からは充実した報告が行われた。

アメリカにおける仏教の現状と課題について —真宗教団を中心に—

マイケル・コンウェイ
（大谷大学）

本発表ではアメリカにおける仏教の現状について報告が行われた。アメリカ合衆国の設立から間もない頃に「東洋の神秘」に注目し、精神生活の探求を試みた文学者のエマーソンやソロウの端を発して、仏教を始めとする東洋の宗教思想が、アメリカ社会の広範囲において150年ほど、好感を持たれ、キリスト教の抱える諸問題を超え得る宗教的思想体系として憧れの対象となっている。19世紀の大半においてヨーロッパの東洋学者と仏教学者の研究成果によって、仏教の文献の内容が断片的に知られていたが、1893年にシカゴで開催された世界宗教者会議には日本仏教の諸宗を代表する団体が参加し、その諸宗の教義について発表したことが日本仏教とアメリカの宗教者との本格的な交流の始まりである。ほぼ同時期に日本からアメリカ本土およびハワイへの移民を対象に本願寺教団を中心とした布教活動が始まり、1900年代からは、西本願寺の北米開教区より『The Light of Dharma』という英文雑誌が刊行され、日本人の僧侶のみならず、米国人による投稿が多く見られる。

同じ20世紀の初頭に鈴木大拙がイリノイ州で、ポール・カラス氏のオーペンコート出版で修業し、1920年以降に英文出版によって禅を中心とした日本仏教の紹介をするための基礎能力を培っていた。鈴木氏は戦前から『Essays in Zen Buddhism』等の出版によって、アメリカの読者に知られていたが、1950年代に再び渡米し、コロンビア大学で講義をし、禅ブームを引き起こし、アメリカ社会の広範囲では、「禅」という言葉が「仏教」とほぼ同義語として使われるようになった。

鈴木氏が禅の唱導をしていた一方、1898年の設立から1950年までの間に日

本から移住した移民のコミュニティのニーズに応えて、Buddhist Churches of America（米国仏教教団）が成長し、合衆国の西海岸を主とし約60軒の寺院が設立された。戦前における白人社会からの猛烈な差別、戦時中の強制収容等、苦悩の多い移住先での生活には、それらの寺院が差別を受けない安全地帯として機能していた。その長い歴史を通して、白人仏教徒と交流を持ちつつ、BCAの寺院の殆どは日系コミュニティのための場となり、1990年代まではアメリカの一般社会における仏教に関心を持つ者が積極的に参加し得る場とはならなかった。鈴木氏等の禅の勧めを受けて、仏教の求道者となったアメリカ人の多くは、日系移民と別組織で設立された曹洞宗や臨済宗の禅センターおよびチベット仏教の布教の拠点として1970年代に設立されたセンターに足を運び、仏教信者の道を歩んでいた。加えて、戦後には東南アジアからの移民がアメリカでは多くなり、BCAと同様に移民中心の寺院組織が構築されてきた。

　このように、アメリカにおける仏教は概ねに仏教国からの移民の設立による仏教寺院と、他の宗教的ルーツを持つアメリカ人改宗者向けのセンターという二大流れがあり、設立の経緯と目的が大いに異なっているものではあるが、現在、直面している課題はほぼ同様なものである。いずれも、世俗化の波に押されて次世代の参加者の確保および次世代への継承が重要な問題となっており、21世紀の新しい宗教参画モデルへの対応がどんな組織にとっても急務となっている。

　アメリカ仏教における現状と課題を共有するために、本発表においてBCAおよび東本願寺の開教寺院の現状について報告した上で、近年における宗教への参加の仕方の変遷について管見を述べ、それによって生み出されている寺院運営上の問題が紹介された。アメリカにおける仏教徒のパーセンテージなどの具体的なデータを提示し、詳細な現状分析が行われた。最後にどのような教育活動を通して現代に合った形でアメリカにおいて仏教に対して好感を持っている人に対して接近できるかについて提言が行われた。寺院による布教のみならず、勉強会など仏教に関心のある有志の活動による布教の可能性についても述べられた。

肥沃な土壌を求めて―古くて新しい仏教の教授法・カリキュラム・教材―

ゼーン・ダイアモンド
（モナシュ大学）

　仏教はインドを由来とし、上座部仏教・大乗仏教・密教といった大きな流れを通して、その周辺地域はもとより、近年では世界に対し広まっているが、本シンポジウムにおける発表者の目的は、そのような仏教の教えがどのようにして広まってきたかを報告することにある。とりわけ、僧侶や尼僧そして教師たちが、仏教の教授法やカリキュラム、そして教材について教授するため、時を超えてどのように知識や技術を発展させてきたのかに焦点を当てた。とりわけグローバル化したこの社会において、仏教教育が持つ可能性を探求した。

　発表者の理論的基盤の観点に関しては2点ある。筆者は仏教学、教育学（とりわけ教師教育学）、そして知識の社会学の学問領域から考察することを目的としているが、家庭や宗教機関、学校によって、知恵が生産される、また再生産される過程について考察してきた。まず観点の1点目は仏教教育学・仏教哲学の持続的諸要素は存在するが、それは、時間と空間を超えて伝達することができるということである。2点目は、新しい地理的位置における肥沃な土壌を求めるために「順応的なバランス化」の過程を担ってきたその他の要素が存在するということである。

　本発表の研究手法としては、発表者が過去25年間活動してきたインド、いくつかの東南アジア諸国、オーストラリアにおけるいくつかの小さなプロジェクトを積み重ねた仏教教育学の長期的プロジェクトを報告するという手法をとった。仏教徒がどのように接近するかは、それぞれの土地における地域の古き教育思想や教育実践に適応されて行われている。発表者はこれまでオーストラリアの仏教教育のプロジェクトに関する研究成果を分析する事例研究を行った。また発表者

は寺院や大学、学校における僧侶や仏教徒の教師にインタビューを行い、その集積結果を分析した。

　本発表における結論は以下の2点である。1点目は、仏教教育学諸要素は、時間と空間を超えて伝達することができるということである。それは、道徳・倫理の発展、批判的思考（クリティカル・シンキング）、そして精神統一といった教育学的な要素を共通に含んでいる。具体的にはテキストの記憶・反復、思考や記憶を秩序付けるための数の使用、教師による説教や口授、問いと答えの形式などである。そしてまた、四諦八正道を主導的なカリキュラムとし、三蔵（経蔵・律蔵・論蔵）を共通の経典として使用することに基づいて行われる。

　2点目は、新しい地理的位置における肥沃な土壌を求めるために「順応的なバランス化」の過程を担ってきたその他の要素が存在するということである。発表者はどのように仏教がオーストラリアに移入されたかを分析したが、そこには2つの形態が見られた。その一つは仏教を移入した者がすでに母国で仏教を学んでいたという形態、もう一つはオーストラリアに作られた仏教系学校で学んだという形態である。前者においては母国で行われている仏教教育と同じ形態をとることが多い。それに対して後者においてはオーストラリアの文化に根差した方法で仏教教育が行われる傾向がある。

　結論としては、仏教の古代哲学は現代世界においても価値を有し続けており、現代の寺院や学校、そして大学において肥沃な土壌を発見し続けているのである。

（翻訳：田中潤一）

仏教と教育

太田 清史
（前同朋大学）

　本報告では、日本における仏教教育の理念と実践例について報告が行われた。まずそもそも仏教教育とは何かが探求され、それは、「仏教の理想的人間観に立つ教育」そして「教育者自身が宗教的感性に拓かれることによって成立つ教育（自信教人信）」であると定められた。まず「宗教的感性とは？」が考察されねばならないが、これは「宗教的なものの見方考え方」につながる。たとえばフランクルは『夜と霧』において、通常ひとは人生からさまざまなものを要求するが、むしろ逆の事態、つまりわれわれ人間が人生にどのように応えることができるか、ということが重要であると述べている。このような態度を持つことが、宗教的な見方考え方の習得につながる。真宗で述べられる「本願」とは「根本願求」であり、人間にとって最も重要である、宗教的な感性を身に付けることが意図されている。

　その具体例として「大谷学園の願い(真宗教育)」が提示された。「十方衆生」つまり「同朋」がともに学ぶ学園である大谷学園においては、"To Be Human"という標語が掲げられているが、これは「一人も取りこぼさない教育、選別をしない教育」を意味している。同時に大谷学園においては、「裁かない教育」を重要理念としている。これは学園が「凡夫の学場」であることを意味している。悪人正機つまり真宗の教えは、我々凡夫の教えであり、"凡夫乗"ともいえる教えである。真宗大谷学園においては、「何のための学校か？」を問い、その答えとして「浄土にお生まれになる方をお育てする学園」であると定めている。これは、「一人も取りこぼさない教育、選別をしない教育」を目指しており、仏教教育の理念にかなう教育目標であると言える。このような教育実践を行うことによって、

生徒たちは「自律性」を身に付けるようになる。

　次に「人生の四季」からみた心の課題として、人間は発達プロセスにおけるそれぞれの課題を提示し、その中での仏教教育の課題が提示された。とりわけ中年期における課題と、その課題に果たす仏教の課題について考察が行われた。この時期は"厭世の関門"と名付けられ、人生におけるさまざまな難題を抱え込む時期である。具体的にはひとは中年において、対象喪失（object　loss)と悲哀の仕事(mourning　work)という難題を持つことになる。ひとは自分自身を見直す契機を有することになる。とりわけ病気などに襲われたとき、ひとは混乱に陥るが、悲哀を受け入れることに宗教的な感性が果たす意義について考察された。

　最後に「仏教教育のめざすもの」が探求された。仏教の理想的人間観に立つ教育が「智悲円満」であるとされ、仏が２種類の位相に分けられた。一つ目の位相は、「智慧」であり、これは象徴としての勢至菩薩 (あるいは法然上人)を意味しており、「裁断の機能」を示している。二つ目の位相は、「慈悲」であり、これは象徴としての観音菩薩(あるいは親鸞聖人)を意味しており、「受容の機能」を意味している。仏とは「智悲円満の行人」であると定められ、一言でいえば、明るくあたたかみのある主体的人間であるとされた。それらの考えを踏まえたうえで、親鸞聖人の人間観である「悪人正機」について考察が行われた。大罪とされる「五逆罪」（殺父、殺母、殺阿羅漢、破和合僧、出仏身血）を行う者もこの世にはいるかもしれない。しかしこのような悪人であっても、「光寿無量」なる阿弥陀仏を念じることによって智慧を得ることができる。智慧とは「光明」である。智慧と同時に備えなければならないのが「慈悲」であるが、慈悲とは、「寿命」すなわち「大悲代受苦」の菩薩の精神を意味する。このように仏教教育の目的は「智慧」と「慈悲」を備えた人物を育成することにある。

課題研究
「国際比較から見る教員の働き方改革」
〈司会者総括〉

岩﨑　正吾
（首都大学東京名誉教授※）

　第4次安倍内閣において最重要法案の一つとして位置づけられた「働き方改革関連法案」が2018年6月29日の参議院本会議で可決・成立した。これに伴い、労働基準法や雇用対策法など、8本の労働関係法が改正された。その主な内容は、時間外労働の上限規制、同一労働同一賃金の推進、年次有給休暇取得の一部義務化及び高度プロフェッショナル制度の導入などである。「働き方改革関連法案」の提起・審議・成立の過程で、これと連動しつつ、文部科学省では「学校における働き方改革」に関する「緊急提言」や「緊急対策」などが相次いで打ち出されている。今回成立した「働き方改革関連法」が「教員の働き方改革」の方向性に大きな影響を与えることが予想される。

　課題研究では、こうした状況に鑑み、「日本の教員の働き方の現状」を踏まえて、改革の方向性を探るため、諸外国ではどのように教員の働き方改革を推進しているのか、アメリカ、イギリス、フィンランドの3カ国を取り上げ、検討することにした。諸外国から見て日本の教員の働き方に欠けているもの、共通するもの、優れているものなどについてフランクリーに議論するための場として企画した。

　日本との比較の対象として上記3カ国を取り上げた理由は、学校機能が日本と同タイプ（「学校多機能型」）で、教員職務が「曖昧型」の日本と異なっているアメリカ・イギリスの事例（「限定型」）が参考になると考えたこと、「学校機能限定・教員職務限定型」ではあるが、明らかにフランス・ドイツとは異なるフィンランドを取り上げ、そこから何が見えるのかを検討しようとしたことにある[1]。参考になるような多くの国との比較検討がベターではあるが、これは課題研究という制約上、物理的に困難である。

国際比較の重要な資料の一つは、2008年に実施された第1回「国際教育指導環境調査」（TALIS：Teaching And Learning International Survey）であるが、2013年の第2回調査を経て、2018年には47カ国の国・地域の参加の下に第3回調査が実施されている。第3回調査には新たにロシア、中国（上海）、台湾、カザフスタン、リトアニア、ジョージアなどが参加している。日本は第2回調査から参加しているが、2019年6月にその結果が公表された。こうした調査を含めて、日本を含めて4か国における教員の働き方の現状と課題を具体的に検証し、改革の方向性を探ることを本課題研究の目的とした。

　報告者及び各報告者の報告テーマは以下の通りであった。
　報告1：岩﨑正吾「国際比較から見る教員の働き方改革―教員の働き方における日本の現状と問題―」（首都大学東京名誉教授）
　報告2：大谷　杏（福知山公立大学）「国際比較から見る教員の働き方改革―アメリカ合衆国の教員の働き方と待遇―」
　報告3：永田祥子（関西大学）「国際比較から見る教員の働き方改革―教員の働き方におけるイギリスの現状と問題―」
　報告4：西村貴之（北翔大学）「国際比較から見る教員の働き方改革―フィンランドにおける教員の働き方改革―」

　報告1では、まず最初に「働き方改革推進法」成立前後の政府動向と文科省の動向を重ね合わせつつ、政府動向とタイアップして打ち出されてきている教員の働き方改革政策が検証された。2015年の「チームとしての学校の在り方と今後の改善方策について」（中教審答申）は、「教師の長時間労働の是正」等を提案し、「子どもにも教職員にも優しい学校」への転換を意図したものだが、今日に至るまで「改善」の兆しはみられず、近年の取り組みを踏まえて、2019年1月25日に出された中教審最終答申「学校における働き方改革総合施策」の中心的内容とその問題の核心はどこにあるのかが報告された。また、2018年TALIS調査や2016年「教員勤務実態調査」などに基づき、アメリカ合衆国、イギリス（イングランド）及びフィンランドとの職務内容の比較が行われ、日本の教員の働き方の状況が明らかにされた。

報告2では、アメリカ合衆国における教育制度の違いや公立学校の教員の基礎データを踏まえて、とりわけ、勤務日数と勤務時間、職務内容、課外活動への対応について報告があった。勤務日数については、6月に年度が終了、9月が新年度の始まりとなること、多くの多くの州で170日から185日の間に設定されており、コロラド州のように160日と定めているところもあることが明らかにされた。勤務時間については、学区により様々である。7：30から15：30の1日8時間と明記されている学区もあれば、週200分で始業20分前に出勤、終業20分後に退勤と定めている学区もある。課外活動への対応については、課外活動の監督を行う場合には、協約により給与に加え相応の金額が支払われること、部活の種類や時間などにより一律に定められている学区もあれば、担当生徒数、活動時間、活動が行われる時間帯、監督責任の程度、経験年数などがポイント化され、それら基準額に掛け合わせた額が支払われる学区もあることなどが報告された。

　報告3では、イギリス（イングランド）の政策動向とTALIS調査を踏まえて、「学校多機能教員職務限定型」と位置づけられている教員の職務内容について、具体的に教員はどのような職務を担当し、どのような教育活動を行なっているのかが報告された。1997年のブレア政権以降、教育が最優先課題とされ、学校のリーダーシップを促進させる様々な政策が新たに作られたことが明らかにされた。教員の働き方の問題について、イギリスでも仕事の量の多さ、勤務時間の長さが度々議論されており、教員の労働環境を改善するにあたり、様々な取り組みが行われている。TALIS 2013とTALIS 2018と比較しても、年々、多文化・多言語環境下での指導が求められていること、教員の半数以上（55％）は学校の生徒数の約1％が難民で構成されている環境で教えなければならず、多様化する教育環境で教えるための職能開発（研修）が教員から求められていることが明らかにされた。

　報告4では、フィンランドの基礎学校の教員の働き方の特徴が、週平均勤務時間、職務と給与の関係、教員の専門性尊重、裁量が大きい教育活動、授業以外の教育活動における「他職種連携・協働活動」などについて、日本との比較を交えて報告が行われた。フィンランドでは学校年度は、基礎教育法により8月1日か

ら翌年7月31日、勤務日数は189日38週間、始業日と終了日は自治体ごとに決められる。長期休業（夏休み：2か月半、クリスマス休み：10日間程度、秋休みならびに冬休み：1週間程度）中は、有給の休暇扱いとなること、1日の労働時間のうち授業時間以外は〈自己研修時間〉と見なされ、授業終了後は学校外の図書館や自宅で研修ができる。とりわけ、「他職種連携・協働活動」が積極的に展開されており、8職種にもわたる様々な専門家の協働により、身体的・精神的障害をはじめ医療的ケアが必要な者、発達障害をもつ者、不安定な家庭環境下にある者および近年増加している移民を含むすべての子ども一人ひとりにあったきめ細やかな教育が実施されていることが明らかにされた。

　以上4か国の教員の働き方改革改革の検討を通して、日本に与える示唆としては、各国にはそれぞれの国の歴史や文化的背景があり、また教育制度成立の経緯も異なるので、「長所」をそのまま「借用」することは避けなければならないという指摘があった。

　また、日本を除いて他の3か国は比較的職務内容が明確であり、勤務規定や協約などによって定められた職務以外の教育活動については、拒否する権利をも含めて何らかの処遇が明記されており、また、学習カウンセラーやスクールアシスタントなど、教員以外の多くの職種の支援が積極的に行われていることなどは真摯に検討されて良いという複数の意見も寄せられた。

　日本における過重勤務の「元凶」とされる課外活動については、各国では全く担当しないか負担が教員にしわ寄せされることはない。中央教育審議会答申もこの点について検討課題として提起しているが、現場自らはなかなか「変更し難い」面もあるで、現場に丸投げするのではなく、キチンとした上からの規範的規制が必要だという指摘もあった。

　日本の働き方改革の問題としては、「給特法」の残存の問題、中央教育審議会答申と同時に示された「勤務時間の上限ガイドライン」の問題などが指摘された。

（※2020年4月より東京都立大学に名称変更）

【参考文献】
1）藤原文雄編著『世界の学校と教職員の働き方』学事出版、2018年、7頁。

国際比較から見る教員の働き方改革
—教員の働き方における日本の現状と問題—

岩﨑　正吾
（首都大学東京名誉教授※）

1. 働き方改革をめぐる政策決定過程

「働き方改革推進法」成立前後の政府動向を睨みつつ、文科省の動向を重ね合わせると表1のようになる。近年の取り組みを踏まえて、2019年1月25日に中教審最終答申「学校における働き方改革総合施策」が出された。

「働き方改革関連法」をどう評価するかは、「過労死促進法」（過労死遺族）や「働かせ方改悪法」（全労連雇用・労働法制局長）などとこれを危惧する立場から、「罰則付きの上限規制の導入は歴史的大改革」（働き方改革実現会議メンバー）と称賛する立場まで様々である。しかし、教員にこれをそのまま適用するとなると大きな禍根を残すことが推測される。

2. 中央教育審議会答申の方向性と問題点

教員の働き方改革の方向性について中教審答申は、第2章で以下の5点を示している。①勤務時間管理の徹底と勤務時間・健康管理を意識した働き方の促進、②学校及び教師が担う業務の明確化・適正化、③学校の組織運営体制の在り方、④教師の勤務の在り方を踏まえた勤務時間制度の改革、⑤学校における働き方改革の実現に向けた環境整備（中教審答申、2019年、p.14）。こうした方向性は首肯されるが、「給特法」を維持するとしており、また「上限ガイドライン」（文科省①、p.3）で、「働き方関連法」で示された上限時間が「特例的な扱い」として

表1 「働き方改革関連法案」成立前後の政府・文科省の動向

政策動向 年月日	政府	文科省・審議会等
2015年4月3日 2015年12月21日	●「労働基準法改正案」(第3次安倍内閣・第189国会)	○「チームとしての学校の在り方と今後の改善方策」(中央教育審議会)
2016年9月26日 2016年10〜11月	●「働き方改革実現会議」(首相の私的諮問機関)の発足	○「平成28年度教員勤務実態調査」(文科省)
2017年3月28日 2017年6月22日 2017年6月22日 2017年8月29日 2017年12月22日 2017年12月26日	●「働き方改革実行計画」(上記、働き方改革実現会議第10回会議)の提示→衆議院解散により廃案	○「学校現場における業務改善に係る取り組みの徹底」(各教育委員会へ通知) ○「学校における働き方改革総合施策」(中央教育審議会に諮問) ○「学校における働き方改革緊急提言」(中央教育審議会初等中等教育分科会「学校における働き方改革特別部会」) ○「学校における働き方改革総合施策」(中央教育審議会中間のまとめ) ○「学校における働き方改革に関する緊急対策」(文科省)
2018年1月22日 2018年2月9日 2018年3月 2018年6月29日 2018年12月	●「働き方改革推進法」を「最重要法案」(第196国会安倍首相の施政方針演説)として位置づける ●「働き方改革推進法」参議院本会議で可決・成立	○「学校における働き方改革に関する緊急対策の策定並びに業務改善及び勤務時間管理等に係る取り組みの徹底」(都道府県及び指定都市の教育委員会教育長へ通知) ○「運動部活動の在り方に関する総合的なガイドライン」(スポーツ庁) ○「文化部活動の在り方に関する総合的なガイドライン」(文化庁)
2019年1月25日 1月25日 3月18日		○「学校における働き方改革総合施策」(中央教育審議会最終答申) ○「公立学校の教師の勤務時間の上限に関するガイドライン」(文科省) ○「学校における働き方改革に関する取り組みの徹底について」(各教育委員会へ通知)

示されており、問題が残る。提起されている改善策は現場に丸投げするのではなく、規範的規制をかけないと実効性に乏しいことになろう。

3.「国際教員指導環境調査」と「勤務実態調査」における週勤務時間の比較

表2に見るように、前期中等段階の週勤務時間はTALIS（2013）でも、TALIS（2018）でも日本は参加国中トップであり、この間5年間で2.1時間増加している（文科省②、p.23、国研、p.11）。また「実態調査」でみると、この10年間で5.1時間増加したことになる（文科省③、p.1）。2016年「実態調査」では、過労死ライン（残業月80時間超）に達する週60時間以上勤務した教員は、中学校で57.7%、小学校で33.5%となっている。

4. 学級規律と指導実践からみる教育の課題

表3-1と表3-2は学級規律について見たものである。学級規律と学習雰囲気について、「生徒が授業を妨害するため、多くの時間が失われてしまう」教員の割合は、中学校は参加国中2番目に低い。文科省を含めてこれを肯定的に評価する向きもあるが、そうとも言えないのではないか。日本の場合、管理教育の行き過ぎ（管理主義教育）の懸念はないか検証が必要である。

日本の場合、授業中教室が静かなのは、中学生くらいから自ら質問したり、議論したりする学校文化に乏しく、知っていても応えようとしない風潮があることにも原因がある。これは、次項のアクティブラーニングに関する教師の指導実践

表2　週勤務時間の比較

調査＼各国	アメリカ	イギリス	フィンランド	日本	参加国平均
2006年実態調査				58.1	
2016年実態調査				63.2	
2013年TALIS	44.8	45.9	31.6	53.9	38.3
2018年TALIS	46.2	46.9	33.0	56.0	38.3

とも深く関わっている。

　表4-1と表4-1は、教師の指導実践に関して、近年注目されている「主体的・対話的で深い学び」の実践に関わる事項である。日本の場合参加国平均と比べてみても極めて低い。とりわけ、批判的思考能力の育成に課題があると言えるが、生徒はもとより教師自身に批判的思考力がなければ生徒への育成も覚束ないと思われる。既述のような学校文化がある中で、積極的に授業に参加させ、集団で討議し、相互に批判し合い、「正解」ではなくても一定の「結論」を導き出していくプロセスが重要であるが、そうした経験を蓄積していく必要があろう。

表3　学級規律と学習雰囲気（TALIS2018より）

表4　教師の指導実践（TALIS2018より）

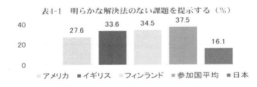

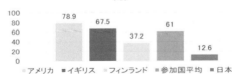

5．教員の働き方改革への課題

　2019年中教審答申は、教員の働き方に関する諸問題を多様な側面から指摘して、「在校時間の縮減の目安」や改善のための「パッケージ工程表」を示すなど、積極的に取り組む姿勢を見せている。しかし、「給特法」(1971年)を廃止すると「働き方の改善につながらない」(46頁)としてその見直しに否定的である。また、「上限ガイドライン」の設定における「特例的な扱い」(3頁)は、現行の過労死ライン（2001年労働基準局通達）を越える内容となっている。これらの見直しこそが必要であるように思われる。

　また、以下のような課題も併せて改善していくことが求められている。

- 授業コマ数の削減：「学級編成・教職員定数の標準法」1958年、１日４コマが原則。
- 教職員数の増大：学校５日制（2002年）の導入時に実施されず、授業負担が10％増。
- 部活動の見直し：指導員の外部化促進、スポーツ庁・文化庁ガイドラインの遵守。
- 大胆な業務削減：学力テスト対策の補習、指導案の簡略化、朝マラソン、行政研修の精選、専門・サポートスタッフ等の配置、学校行事の精選など。

　以上、学校が「ブラック企業」と揶揄される現状を改善し、授業を通した人間形成という教員の中核的業務に専念できる教育環境の整備こそが求められている。

（※2020年４月より東京都立大学に名称変更）

【引用・参考文献】
１）国立教育政策研究所編（2019年）『教員環境の国際比較OECD国際教員指導環境調査（TALIS2018）報告書―学び続ける教員と校長―』ぎょうせい。
２）中央教育審議会（2019）「新しい時代の教育に向けた持続可能な学校指導・運営体制の構築のための学校における働き方改革に関する総合的な方策について」(http://www.mext.go.jp/component/b_menu/shingi/toushin/__icsFiles/afieldfile/2019　/03/08/1412993_1_1.pdf)、2019年３月21日検索。
３）文部科学省①「公立学校の教師の勤務時間の上限に関するガイドライン」(www.me xt.go.jp/component/a_menu/education/detail/__icsFiles/afieldfile/2019/01/25/1413004_1.pdf)、2019年３月21日検索。

4 ）　文部科学省②「OECD国際教員指導環境調査（TALIS）2013年調査結果の要約（www.
　　nier.go.jp/kenkyukikaku/talis/imgs/talis2013_summary.pdf）、2018年7月21日検索。
5 ）　文部科学省③「教員勤務実態調査（平成28年度）集計［確定値］」（www.mext.go.jp/b_
　　menu/houdou/30/09/__icsFiles/afieldfile/2018/09/27/1409224_003_3.pdf）、2018年 7 月15日
　　検索。

アメリカ合衆国の教員の働き方と待遇

大谷 杏
（福知山公立大学）

はじめに

　2018年2月、アメリカ合衆国では、ウエストヴァージニア州で公立学校の教員によるストライキが起こり、その後、オクラホマ州やアリゾナ州、ケンタッキー州、ノースカロライナ州、翌年にはカリフォルニア州のロサンゼルスなどにも波及した。教員たちの要求は、待遇改善、クラスの少人数化などである。

　このように、アメリカの教員によるストライキは州単位で起こっている。それは日本とは違い、アメリカが行政制度として連邦制を採用していることに由来している。両国の教育制度の決定的な違いは連邦制を採っているのか否かにあり、その統治制度の違いが教員の働き方にも影響している。アメリカにも国家機関としての教育省が存在するが、日本の文部科学省のような全国一律の教育制度を統括する機関ではないため、両者の役割を全く同じものとみなすことはできない。教育を管轄しているのは、大幅な自治権を獲得している各州やそれらの州内にある学区である。

　本稿では、州によって異なるアメリカの教育制度と教員の給与、現地の公立学校で実際に働く教員の声、教員の雇用契約が記された3つの学区の協約の事例から、アメリカ合衆国の教員の働き方や待遇に特徴的な点を明らかにする。

1. アメリカ合衆国の教育システム

　1980年に設置されたアメリカ合衆国連邦政府、つまり国家機関としての教育省では、現在4400人が働き、年間680億ドル（日本円に換算すると、2020年3月14日現在、約7兆3396億円）の予算のもと、次の業務が行われている：①連邦政府の教育財政支援策を確立し、資金の分配および監視を行う、②アメリカの学校に関するデータの収集と研究の普及、③重要な教育課題に対し国民の注目を集める、④差別の禁止と教育への平等なアクセスの確保[1]。したがって、モニタリングや調査研究が主な業務であり、具体的な実施や管轄は、連邦政府の教育省の仕事には含まれていない。

　アメリカでは、連邦教育省ではなく、各州や全米に13,584（2015-2016年）ある各学区が教育を管轄している。表1は、アメリカ国内でも最も規模の多い学区を示したものである。ニューヨーク、ロサンゼルス、シカゴ、マイアミなどの大都市や、ラスベガスを含むクラーク郡がいずれも上位に挙がっている。

　表2は各州の就学年齢を記したものだが、国家による統一された教育制度が存在しないため、州によって就学年齢や義務教育の年数が異なるのもアメリカの教育の大きな特徴である。就学年齢が5歳から8歳、義務教育終了年齢も16歳から18歳までと開きがあり、州により義務教育を受ける期間も10年から13年と様々である。

　教育財政は主に州からの補助金と学区地域の固定資産税によるため、基本的には税収の多い地域がより財政的に充実した教育を行うことができる。アメリカの

表1　アメリカ国内で規模の大きい学区[2]

	学区名	州	生徒数
1	ニューヨーク市学区	ニューヨーク州	984,462
2	ロサンゼルス統一学区	カリフォルニア州	633,621
3	シカゴ学区	イリノイ州	378,199
4	マイアミーデイド郡学区	フロリダ州	357,249
5	クラーク郡学区	ネバダ州	326,953

表2　各州の義務教育期間の就学年齢[3]

就学年齢開始～終了年齢	州
5～16歳	デラウエア
5～17歳	サウスカロライナ
5～18歳	アーカンソー、ハワイ、オクラホマ、メリーランドなど
6～16歳	フロリダ、マサチューセッツ
6～17歳	アラバマ、コロラド、イリノイ、ミシシッピなど
6～18歳	カリフォルニア、ネブラスカ、ミシガン、オレゴンなど
7～16歳	ノースカロライナ、ノースダコタ、アラスカなど
7～17歳	メーン、ミネソタ
7～18歳	カンザス、ルイジアナ、ネバダ
8～17歳	ペンシルベニア
8～18歳	ワシントン

　学区はインターネット上のいくつかの民間サイトで毎年格付けされており、それらのサイトには学校の評価ポイントと共に、学区地域で売り出し中の不動産物件も表示されている。子どもに少しでも良い教育を受けさせたいと願う親たちが、より充実した教育環境を求めて引っ越しをするためである。

2. 公立学校の教員の給与

　現在、アメリカ全土の初等中等教育段階の公立学校で働く教員総数は約320万人である。勤続年数別では、10～20年が39％、3～9年が28％、20年以上が22％、その他となっており、6割近くが勤続20年までの比較的若手の教員で構成されている[4]。全米の教員の平均給与額は年間57,949ドル（日本円で約629万円、2020年4月4日現在）であり、全ての職種の大学学部卒の給与平均額60,996ドルよりも3,000ドル低い。また、給与額の高い州と低い州を記した表3を見ると、最も給与の高いニューヨーク州の教員には最も給与の低いオクラホマ州の約2倍の給与額が支払われている[5]。このように、連邦制を採用しているアメリカ合衆

	州	給与
1	ニューヨーク	$78,576
2	コネチカット	$78,330
3	カリフォルニア	$77,429
4	アラスカ	$77,307
5	マサチューセッツ	$74,468

表3 給与額の高い州

	州	給与
46	ノースカロライナ	$45,195
47	ミシシッピ	$44,294
48	アリゾナ	$44,284
49	サウスダコタ	$41,271
50	オクラホマ	$39,306

給与額の低い州

国では、教員の給与も州によって異なる。先述した教員によるストライキのいくつかは、表3の全米でも「給与額の低い州」で起こっており、同じ教職に就いていても国内で格差が生じている。

3. アメリカの公立学校で働く教員の実際

1）ある小学校教員の一日

　ここでは、全米でも比較的給与額や教育水準の高いニュージャージー州の小学校で働く音楽（オーケストラ）教師へのインタビュー調査から、アメリカの小学校教諭の1日を追ってみたい。

　一日の始まりは、教員は児童の登校時間である8時40分より15分早い8時25分に出勤する。その後、週4日は1日6コマの授業を担当（週1日は5コマ）するが、合間に準備時間が1コマ、昼食が1コマ入るため、合計週29コマが教室で教鞭を執る時間となる。これは学級担任を持たないケースであるが、学級担任の場合は、週27コマ教え、残り2コマは他の教員と話し合いの時間となる。この学校のある学区と教員の契約書には、週あたりの教員の労働時間が1,280分、1日7時間を超えないものとすることが記されている。また、昼食1コマに加え、1日40分の準備時間を週6日設けることも定められている。生徒は15時30分にスクールバスで帰宅するため、放課後の部活は行わない。

　日本では教員と生徒が同じ教室で給食時間を共にするが、アメリカの小学校教員にとって昼食の1コマは休み時間となる。生徒が昼食の間は、その時間の担当

として雇用された保護者等が監視にあたる。給食の場合は非常勤職員としての給与が支払われるが、アメリカの学校では学外の人たちがボランティアとして活躍するケースもある。近年では、学校を標的とした凶悪な事件が増えたため、学校ボランティアにも犯罪歴のチェックや身分証明書の提示が求められるようになった。

　また、設備上の違いも教員の労働に少なからず影響している。アメリカの小学校には基本的に日本のような職員室が無く、教員は1日の殆どを各自の研究室のような教室で過ごし、授業によって生徒が移動する仕組みになっている。職員室は無いが、学区によっては教員同士の情報交換やコンピューターによる作業や休憩や食事をするワーキングルームが設けられているところもある。

2）残業・保護者への対応

　小学校の場合、放課後の部活やクラブ活動はないが、教員は生徒が帰宅してから通常1時間半程度残業を行っており、月2〜3回は5〜6時間残業することもあるという。残業時の主な業務は、保護者や生徒へのメールの送信、テストの作成、点数付けなどであり、学校で行わず、家へ持ち帰る場合もある。

　アメリカの学校では教育現場のICT化が進められており、保護者とのやり取りはメールで行われる。そのため、教員は児童の登校前、準備時間、昼食時間などほぼ1日中メールへの対応に追われている。保護者との連絡のみならず、生徒の質問への回答、宿題の内容などもコンピューターを通じて行われる他、イベントカレンダーも学区や各教員のホームページにアップされる。宿題もコンピューターを介して提出されるものもある。例えば、教科書を読む宿題では、デジタル書籍としてコンピューター画面に映し出された教科書をめくった回数がカウントされ、それが教員にネット経由で送られる。音楽の場合は、生徒が自宅で楽器を演奏した動画が教員に送られ、それらが宿題として採点される。教育現場のコンピューター化に対応するため、アメリカでは年配の教員にもコンピューター関連の研修への参加が義務付けられている。

3）年単位で見る教員の仕事

　日本は4月だが、アメリカでは9月が新年度の開始時期となる。この学区と教

員の契約によると、年間勤務日は183日、うち授業日が180日と定められている。教員は10か月契約であり、給与は10か月分しか支払われない。また、新任教員には2〜5日間、全教員に対しても年間最低20時間の研修への参加が義務付けられている。有給休暇は、病気で年間12日まで、個人的な用事（宗教上の休日、自宅の購入契約、引っ越し、陪審員裁判、直系家族の結婚式、自身の結婚式、子どもの大学入学、子どもや配偶者の教育に関わる用事など）で3日まで、家族の病気で3日まで取得可能である。

4）教員の給与

　インタビュー調査にご協力くださった教員の勤めるニュージャージー州の学区では、学区と教員の労働組合の交渉により、向こう3年分の給与額が決定される。ただし、教員組合への加入は任意であるため、未加入の教員が同じ恩恵にあずかれるか否かという議論もある。ここでは小学校の事例について触れてきたが、中学以降では部活も行われるようになる。学外から招へいされたコーチ等が担当するケースが多いが、学区の協約では、教員が部活等のカリキュラム外活動を担当する場合は、1. 担当生徒数、2. 活動時間数、3. 活動が行われる時間帯、4. 監督責任の程度、5. 経験年数によって指数が算出され、それに50.305ドルを掛けた額が報酬として支払われることになっている。

4. 他州・他学区の協約

　前節はニュージャージー州の学区の事例であったが、本節では他州の他学区の協約に示された労働条件を紹介する。

1）コネチカット州ニューヘイブン市（2018-2021年）[7]

　年間勤務日は「186日（うち生徒が登校してくるのは182日）を超えてはならない」とされている。1日の勤務時間の上限は6.75時間で、会議は1か月に3回以内とし、それぞれ1時間半以内とすることが定められている。小学校の教員は、休み時間の生徒との運動、スクールバス、横断歩道、給食の係などを引き受ける義務はない。

2）アイオワ州ケオクックコミュニティ学区[8]

　年間185日だが、この学区では通常10か月分の給与しか支払われない給与を12か月ベースで支払うことが可能であり、その場合の年間勤務日は235日以内としている。1日の教員の勤務時間は7時30分から15時30分までだが、休前日は生徒が帰宅5分後に教員も帰宅可能である。昼食時間の30分は休憩時間となり、許可なしで職場を離れることもできる。その他に1日30分以上の休憩兼準備時間が設けられている。学内の会議については、放課後1か月に2回まで、それらはいずれも60分を超えないものとされている。保護者との会議や対外的な会議には、年3回の出席義務がある。

3）オクラホマ州オクラホマシティ公立学校[9]

　173日（教壇に立つ日数）＋8日（研修や準備期間）＝181日が勤務日である。小学校の場合、教員は生徒の始業の20分前に出勤し、終業の20分後に退勤可能である。1日平均30分、少なくとも25分以上の昼食休憩があり、その他30分以上（1週間で200分以上）の空き時間を持つ必要がある。全教員出席の会議は月3回以内、各月初めの会議は研修となっており、それぞれ終業後60分を超えないものとされる。残り2回の会議は、直属の上司が設定した課題によるものであり、会議時間は終業後30分以内とされる。とりわけ木曜日の午後は急を要する会議以外は開かれない。休暇に関しては、病欠が10か月契約の教員の場合は10日、11か月契約では11日、12か月契約では12日と定められており、個人的な用事で3日、忌引きや裁判などでも休暇を取ることができる。

結論

　アメリカは連邦制を敷いているため、日本のように国の文部科学省による学習指導要領に基づいた全国一律の就学年齢、義務教育期間を設けた教育制度ではなく、州や学区が教育を管轄し、それぞれの地域により異なる制度の下で教育が行われている。教育費は地域の固定資産税による部分が大きいため、例え同じ州内であっても学区によって財政的な状況が異なる。それらは当然、教育の質にも影

響を与え、地域間の格差が生じてしまう一因にもなっている。

　また、アメリカでは、学区と教員の労働組合の交渉から生まれる協約が教員の労働条件を決定づけている。したがって、労働組合の強さが教員の労働環境を左右している部分が多く、固定資産税による学区の財政と共に、協約に定められる給与額にも影響を与えている。実際、教員の州ごとの平均給与額を比較してみると、最も高いニューヨーク州と最も低いオクラホマ州では2倍の差が生じている。協約には、給与額の他、勤務日数、1日や1週間の労働時間、有給休暇の条件、部活を担当した場合の報酬の算出方法など、待遇の詳細が明記されている。協約が全てであるため、協約に書かれた以外の業務を行う義務はない。本稿では、コネチカット、アイオワ、オクラホマと3つの州にある学区の協約を比較したが、それぞれ勤務日数、1日の勤務時間、会議の回数や時間等に違いが見られた。最初に紹介した教員によるストライキには、州や学区によって異なる教育環境や教員への待遇が大きく関係していると考えられる。アメリカの教育制度の全体像や詳細を知るためには、各学区ごとの状況を把握し、比較していくことが必要となる。

　このように、日本とアメリカの学校制度は根本から大きく異なっているために、両国の学校をイコールで考えることはできない。加えて、学校内の仕組みや文化にも違いが見られる。日本のどの学校にもある職員室はアメリカには無く、教員のいる教室間を生徒が教科によって移動する。また、教員の仕事は教育にあり、給食時の監視や部活は教員の仕事に含まれておらず、担当する場合は協約に記された計算により報酬が支払われる仕組みになっている。登下校は徒歩ではなく、スクールバスが用いられることも日本の学校とは異なる点である。両国の教員の働き方を比較する際には、これらの違いから生じる業務の有無についても、考慮に入れる必要があるだろう。

　日本の教育現場が業務の削減を行っていく上で、手っ取り早くアメリカを参考にできる点があるとすれば、それは業務の電子化である。電子化は必ずしも万能でないかもしれないが、後の業務軽減を考えると、アメリカのように研修を義務付けるという抜本的な対策もある程度必要になってくるのではないかと考えられる。

【注】

1) U.S. Department of Education, https://www.ed.gov/
2) US Census, Top 10 Largest School Districts by Enrollment and Per Pupil Current Spending, https://www.census.gov/library/visualizations/2019/comm/largest-school-districts.html
3) NCES, Table 5.1. Compulsory school attendance laws, minimum and maximum age limits for required free education, by state: 2017, https://nces.ed.gov/programs/statereform/tab5_1.asp
4) NCES, Characteristics of Public School Teachers, https://nces.ed.gov/programs/coe/pdf/coe_clr.pdf
5) Thomas C. Frohlich, 'Teacher pay: States where educators are paid the most and least,' https://www.usatoday.com/story/money/careers/2018/05/16/states-where-teachers-paid-most-and-least/34964975/ (2018年10月17日)
6) 大谷杏「アメリカ合衆国の教員の働き方と待遇」『季刊教育法』198、pp.6-13、エイデル研究所、2018年
7) AFT-CIO, Agreement between The New Haven Board of Education and the New Haven Federation of Teachers, Local 933, AFT, JULY 1, 2018 – JUNE 30, 2021 https://www.nctq.org/dmsView/New_Haven_2018-2021
8) Keokuk Community School District, Certified Employee Handbook, https://www.keokukschools.org/wp-content/uploads/2019/07/KEA-Handbook-FY2020.pdf
9) Oklahoma City Public Schools, Collective Bargaining Agreement 2017-2018, Board of Education of Independent school District Number 89 of Oklahoma County, Oklahoma and Oklahoma City AFT Local 2309, of The American Federation of Teachers AFL-CIO of Oklahoma City, Oklahoma, https://www.okcps.org/cms/lib/OK01913268/Centricity/Domain/110/2017-2018%20CBA%20AFT-OKCPS_FullyExecuted.pdf

本稿は【注】6）大谷杏「アメリカ合衆国の教員の働き方と待遇」『季刊教育法』198、pp.6-13、エイデル研究所、2018年に加筆・修正したものである。

「国際比較から見る教員の働き方改革」
—教員の働き方におけるイギリスの現状と問題—

永田 祥子
（大阪教育大学）

1. はじめに

　近年、日本に限らずイギリスも教員の労働時間や労働環境の改革が求められており、様々な取り組みが行われている。イギリス（United Kingdom of Great Britain and Northern Ireland：グレートブリテン及び北アイルランド連合王国）はイングランド、スコットランド、ウェールズ、北アイルランドから成り立っているが、ここではイギリスと記述する場合イングランドに限定する。イギリスの教員はどのような職務を担当し、教育活動にどのように取り組もうとしているのかを明らかにする。特に、「イギリスの学校の労働力」と「国際教員指導環境調査（*Teaching and Learning International Survey*：以下TALIS）」を含むイギリスの教育に関する報告書より教員の働き方におけるイギリスの現状と問題について検討する。

2. イギリスの教員の役割と働き方改革

　国立教育政策研究所（2017）と藤原（2018）の調査によると、「教職員指導体制類型[1]」は教員の職務内容の明確さと教育活動の範囲によって各国の教員の職務体系を四通りに分類している。例えばアメリカ・イギリス・中国は、学校多機能・教師職務限定型であるが、日本・韓国は学校多機能・教師職務曖昧型となる。この調査から、イギリスの教員の職務体系は明確であり、教育活動は広範囲に渡

ることが明らかになった。

　イギリスはブレア政権（1997-2007）以降、教育を最優先課題とし、識字能力・計算能力の向上の為に教育改革に取り組み、国際教育力の向上に努めてきた。例えば、「学習の時代（The Learning Age：A Renaissance for a New Britain[2]）」（1998a）はイギリスの五人に一人が識字能力・計算能力が十分ではなく、イギリスの経済的競争力の強化と学びを発展させるには教育が必要だと記された。

　また、1998年に発表された緑書「教師―変化への挑戦に向き合う―」（*Teachers: Meeting the Challenge of Change*[3]）もこの教員の役割を明確化させた政策の一つである。この中では質の高い教員の確保や教員のモチベーションを上げるために給与を増やす提案がなされ、従来教員が行っていた事務的な仕事量￢を減らし、教育現場においてティーチング・アシスタントや学校支援スタッフを増やすことが挙げられた。また、1998年と2003年にイギリスの教育雇用省（DfES）が明らかにした「教育水準の向上と業務請負負担軽減対策」（*Raising Standards and Tackling Workload: A National Agreement*[4]）では、教員がしなくてよい業務が具体的に挙げられた[5]。

　さらに2001年には、イギリスの教育雇用大臣のエステル・モリスはティーチング・アシスタントの役割を拡大させることで、教員が授業の「核」となるレッスンプランの作成・準備を中心とした、教えることに集中できるような環境を整えることが必要だと述べた。そして現在は教員が行っている業務を他のティーチング・アシスタントや学校支援スタッフが担う必要性を明らかにした[6]。ティーチング・アシスタントの仕事は学校によっても異なるが、例えば授業についていけない児童生徒へのサポート、少人数グループでの学習のファシリテーション、欠席した児童への支援など多様な仕事を行う。このように従来教員が行っていた業務をティーチング・アシスタントが担うことで、教員が教えることに集中できないなどの弊害を取り除くことが可能になる。ティーチング・アシスタントやICTなどのテクノロジーを支援する指導員、心理カウンセラーなど多様な分野を専門とする人々が学校に関わることで、イギリスでは現在教員の仕事内容を限定することが可能になっている。

3. イギリスの学校の基本情報

　イギリスの学校の労働力として、常勤の教員だけではなく、ティーチング・ア
シスタントや学校支援スタッフなどが含まれる。イギリス教育省（Department
of Education: DfE）（2019）の調査は学校の労働力を明らかにしており、この調
査によると、2018年11月までのイギリスの公立学校で働く常勤教員と職員の数
は947,244人であり、教員が学校の労働力の約48％を占めている[7]。ティーチング・
アシスタントと学校支援スタッフを含む学校全体の労働力は以下の表の通りであ
る。QTSとは Qualified Teacher Status の略で教員免許のことである。

表1　学校の労働力の構成

	教員		教員資格 (QTS)を持っている教員の割合)	ティーチング・アシスタント		学校支援スタッフ		合計
	人数	％	％	人数	％	人数	％	人数
2011	439,240	50.1	96.2	218,680	24.9	218,663	24.9	876,583
2012	445,216	49.3	96.4	232,482	25.7	225,210	24.9	902,908
2013	449,630	48.8	96.4	244,438	26.5	228,218	24.7	922,286
2014	455,407	48.3	95.8	254,998	27	232,914	24.7	943,319
2015	456,974	47.7	95.4	262,376	27.4	238,218	24.9	957,568
2016	457,349	47.8	95.2	265,287	27.7	235,135	24.6	957,771
2017	451,968	47.7	95.4	262,684	27.7	232,031	24.5	946,683
2018	453,411	47.9	95.3	263,913	27.9	229,949	24.3	947,274

出典：DfE（2019）*School Workforce in England: November 2018*, 4頁, 筆者訳.

　表1から明らかになるのは、学校現場において教員の負担を減らすために多く
の人々が関わることによって教育の質の向上を目指しているという現状である。
次にイギリスの公立学校における学生と教員の比率を見ていく。
　表2の公立学校における教員一人あたりの学生比率を見ると、公立の保育・
初等教育課程では教員一人あたり約20人、公立の中等教育課程に関しては約15
人あるいは16人を教えている現状が明らかになる。イギリスの教育省の調査
（*School Workforce in England: November 2018*）によると、イギリスでは、公
立学校における保育園や初等教育では生徒数に大きな変化はないが、中等教育課
程においては2025年まで生徒数の増加傾向が続くとされている。

表2　教員一人あたりの学生比率

	2011	2012	2013	2014	2015	2016	2017	2018
公立の保育・初等教育課程	20.5	20.5	20.5	20.3	20.5	20.6	20.9	20.9
公立の中等教育課程	14.9	14.9	15	15	15.3	15.6	16	16.3

出典：DfE（2019）*School Workforce in England: November 2018*, 7頁，一部改変筆者訳.

　「イギリスの学校の労働力」（2019）の調査によると、2018年度のイギリス公立学校における常勤教員の給与の平均は£39,500であり、2017年度と比べると2％上昇していることが明らかになっている。また、役職を持つ教員の給与の平均は£53,700であり、校長などにおいては£70,100である。保育・初等教育課程の教員の給与の平均が£34,700で、中等教育課程の教員の平均給与は£37,700（特別支援学校教員は中等教育課程と同様で£37,700）である。

　「イギリスの学校の労働力」（2018）に関する調査によると、常勤の教員資格を持つ教員が学校に新たに雇用される人数は2011年に39,630人（全体の9.4％）、2012年に44,050人（10.3％）、2013年に45,400人（10.5％）、2014年に46,030人（10.5％）、2015年に45,450（10.5％）、2016年に44,330人（10.3％）、2017年に42,430人（9.9％）である。これらの新たに雇用される教員は新任の教員と一度教職から離れていた教員が戻る場合を含む。

　また、常勤の教員資格を持つ教員が離職する人数は同じ期間を見てみると、2011年に39,150（全体の9.2％）、2012年に37,570人（8.9％）、2013年に39,550人（9.2％）、2014年に42,110人（9.7％）、2015年に43,370（9.9％）、2016年に42,690人（9.9％）、2017年に42,830人（9.9％）である。教員が離職する人数の中には定年などの理由での退職、または何年か休職した人が含まれる[8]。この調査から、働き始める教員の数と離職する教員の数はほぼ同数であることが分かる。2017年度の常勤教員の離職した人数を年代別に見ていくと、25歳以下の教員（3,210人）、25歳から34歳（14,020人）、35才〜44歳（9,060人）、45〜54歳（7,980人）、55歳〜（8,570人）である。2011年から2012年は55歳以上の離職する人が最も多かったが、2013年の調査より離職者は25歳から34歳が増加している[9]。次に、イギリスの教員の勤務時間と勤務内容から働き方の現状を検討する。

4.「国際教員指導環境調査（TALIS 2018）」とイギリス教育省等の報告書から見る働き方の現状

　2019年6月に公表された「国際教員指導環境調査（TALIS）[10]」によると、イギリスの教員は参加国の中では労働時間が長いことが明らかになった。常勤の前期中等教員に限定すると、2013年では週の勤務時間が45.9時間だったが、2018年には46.9時間（参加国平均38.3時間）となっており5年前より1時間増加している。また、TALIS 2013と2018を比較すると、イギリスでは学生に向きあって教えている時間（20.5時間）よりも、その他の仕事時間（32.7時間）の方が多いことが分かる。OECDの調査の対象国の学生に向きあって教えている時間（21.5時間）とその他の仕事時間（26時間）と比べても、イギリスでは授業以外のその他の仕事に多くの時間が取られている[11]。教員の多忙な現状がこの調査では明らかになる。

　TALIS 2018は教員の仕事量に対する意識調査も行なっている。イギリスの前期中等教育の教員対象の調査質問の中に、「自らの仕事量を手に負えないと感じていますか」という項目がある。教員はその質問に「1. 全くそう思わない、2. そう思わない、3. そう思う、4. 強くそう思う」という4つの選択肢から答えなければならない。その結果では、教員は「1. 全くそう思わない（4%）、2. そう思わない（40%）、3. そう思う（41%）、4. 強くそう思う（16%）」と答えている[12]。このデータから、全体の57%の前期中等教育の教員は自分たちが行なっている仕事量の多さが手に負えないと感じていることが指摘できる。教員が授業以外の仕事の中で特に時間を取られていると思う項目の上位は、採点（68%）と事務業務（65%）である[13]。このことはイギリス教育省も把握しており、様々な機関と連携し、仕事量を減らすための支援を行なっている。

　次に、TALISからイギリスの教員の業務別の週勤務時間の内訳を見ていく。授業時間とは学生に向き合って教えている時間だが、その他の時間という表記は授業時間以外の採点、授業準備等が含まれている。

表3　中等教育課程の教員の業務別の週勤務時間

業務内容	TALIS 2018
授業	20.5
授業以外の仕事	32.7
授業計画・準備	7.5
同僚との協働作業	3.2
採点	6.3
生徒に対する指導・教育相談	2.7
学校運営業務	2.3
事務業務	4
職能開発（研修）	1.1
保護者との連絡	1.6
課外活動	1.7
その他	2.3

出典：OECD（2019）*TALIS Research Report 2018*, 88頁より筆者訳。

　この表から教員が時間を取られていると感じている項目を挙げると、授業準備（7.5時間）、採点（6.3時間）、事務業務（4.0時間）であることが明らかになる。この調査からはイギリスの教員は少なからず事務業務を行わなければならない現状が浮かび上がってくる。

　イギリスでは教育改革等で教員の役割を限定することにより、教員の仕事量を減らせるよう、教員を支援する教育改革が行われ、多様化する教員の仕事に関する問題を軽減させようとしている。しかし、学校の教師や支援スタッフ、ティーチング・アシスタントのための教育組合（National Education Union）が行った「教員と仕事量」（*Teachers and Workload*[14]）（2017）の調査によると、教員の勤務時間は以前と変わることなく、改善が行われていないと明らかにしている。また「教員仕事量調査」（*Teacher's Workload Survey*[15]）（2016）の中では、教員の勤務時間は初等教育課程では週55.5時間、中等教育では週53.5時間であり、教員の教育歴によっても異なるが、初等教育を教えている教員は持ち帰り仕事も多

く、60時間以上働いていると報告する傾向にあることが明らかになった。しかし、その後2019年に新たに公表された「教員と仕事量」調査によると教員の勤務時間は初等教育課程では50.0時間、中等教育過程では49.1時間に減少したことが報告された[16]。そのうち、初等教育課程を教えている時間は2019年度の調査では22.9時間（2016年度の調査では23.1時間）、中等教育課程を教えている時間は19.9時間（2016年度では20.3時間）である[17]。2016年の調査に比べ、2019年の勤務時間は減っているが、10人中7人の初等教育課程の教員と、10人中9人の中等教育課程の教員が仕事量の多さを「非常に問題」、「とても問題」と答えていることから、教員の仕事量を減らす取り組みはまだ今後も必要だと結論づけている[18]。

5. イギリスの教員が直面する問題について

　イギリスの学校の多くは多文化・多言語の環境下で教えなければならず、イギリスの教員はこのことを教育における難しさとして指摘している。具体的には、英語が第一言語ではない児童生徒を受け入れていることにより、教員は多様な文化背景を持つ児童生徒への対応が求められている。OECD（2018）の調査によると、イギリスの教員の約27％は、英語が第一言語でない児童生徒が約1割いる環境で教えなければならない。また、教員の半数以上（55％）は学校の生徒数の約1％が難民で構成されている環境で教えていることが明らかになっている。この問題に取り組めるようイギリスでは教員が英語を第一言語としない児童生徒を教えるための教員研修を受ける機会がある。調査ではこれらの研修を受けた教員は全体の68％になるが、研修後、現状のような多様な環境下で教えることに「準備できた」と答えたのはそのうちの約43％に留まっている[19]。

　また、このような環境下での教室での問題などに対処することに関して、約72％の教員が「対応できる」、「かなり対応できる」と答えており、OECDの平均である67％よりも多い。しかし、このように急激に変化するグローバル社会に対応する困難さが明らかにされた。このような状況を打破しようとイギリスでは毎年、職能開発（研修）を教員に促している。調査に参加した教員の約19％が過去一年間に多文化・多言語環境下で教えるための職能開発（研修）を受けていた

が、より多様化する教育環境で教えるための職能開発（研修）が教員から求められている。多くの教員がこの分野における職能開発（研修）の充実を求めていることから明らかなように、まだまだこの分野へのサポートが足りないことが考えられる。

6. おわりに

　イギリスでは教員の役割を明確にし、教員の負担を減らすための様々な取り組みが行われている。学校現場での教員の役割を明確化させ、ティーチング・アシスタント、学校支援スタッフに役割を与えることで、学校現場での仕事がより効果的に行われるようになった。また、イギリスの教育政策は、質の高い教員を確保し、教員が教えることに集中し、自身の能力開発を行うことができるような支援を行っている。

　しかし、そのような工夫が行われているイギリスの教育現場においても、教員の仕事量の多さ、勤務時間の長さは問題になっている。特にヨーロッパ諸国の中でも長い勤務時間を誇るイギリスの課題の一つは現在急激に変化するグローバル社会に対応するために、様々な文化背景を持つ児童生徒への支援が挙げられた。職能開発（研修）に参加している教員もいるが、研修プログラムの拡充が求められている現状が明らかになった。また教員が仕事量や勤務時間を減らすには、学校現場においてもティーチング・アシスタントや学校からの支援だけでなく、様々な支援が継続的に受けられることが前提となっている。日本においても多様な文化背景を持つ児童生徒に対しての教育支援に伴い、教員の仕事量が増えることが考えられることから、学校現場において教員の役割を明確化させ、教員が授業や授業準備により多くの時間を確保できるように工夫することが今後求められていくことが考えられる。このことに関してもイギリスの教育現場の改革や、教員への支援が参考になるのではないかと考える。

【注】
1）国立教育政策研究所編（2017）『学校組織全体の総合力を高める教職員配置とマネジメントに関する調査研究報告書』、藤原文雄編（2018）『世界の学校と教職員の働き方』学事出版.
2）DfEE（1998a）*The Learning Age: Renaissance for a New Britain.* http://dera.ioe.ac.uk/.

3）DfEE（1998b）*Teachers: Meeting the Challenge of Change. London: Stationery Office.*

4）DfES（2003）*Raising Standards and Tackling Workload: A National Agreement. London.*

5）*Ibid.,* p.5. 教員がしなくてもいい業務は以下のとおりである。集金、欠席確認、大量印刷、パソコンでの文章作成、通信文の作成、学級名簿作り、記録とファイリング、教室の展示物を準備、出席状況の分析、試験結果の分析、レポート整理、職業体験学習の運営、試験の運営、試験監督、教員の補充に関する業務、ICT機器のトラブル対応と修理、物品の注文、物品の在庫管理、物品の分類・準備・配布・管理、会議の議事録作成、入札に関する業務、個別アドバイスの提供、児童生徒のデータ管理、児童生徒のデータ入力。

6）DfES（2001）*Professionalism and Trust: The Future of Teachers and Teaching: A Speech by Estelle Morris, Secretary of State for Education and Skills to the Social Market Foundation.* https://dera.ioe.ac.uk//10112/.

7）DfE（2019）*School Workforce in England: November 2018,* https://dera.ioe.ac.uk//10112/. https://assets.publishing.service.gov.uk/government/uploads/system/uploads/attachment_data/file/811622/SWFC_MainText.pdf.

8）DfE（2018）*School Workforce in England: November 2017*（Table 7a, 7b）, https://www.gov.uk/government/statistics/school-workforce-in-england-november-2017, p.4.

9）*Ibid.,* Table 7b.

10）OECD（2019）*Teaching and Learning International Survey 2018 Results: Teachers and School Leaders as Lifelong Learners,* TALIS, OECD Publishing.

11）DfE（2019）*The Teaching and Learning International Survey（TALIS）2018: Research Report.*

12）*Ibid.,* p. 94

13）*Ibid.,* p. 93.

14）National Education Union（2018）*Teachers and Workload.* https://neu.org.uk/media/3136/view.

15）Higton, J., Leonaridi, S. Richards, N., and Choudhoury, A.（2017）*Teachers Workload Survey 2016: Research Report.* Department for Education. https://assets.publishing.service.gov.uk/ government/uploads/system/uploads/attachment_data/file/855933/teacher_workload_survey_2019_main_report_amended.pdf.

16）Walker, M., Worth, J., and Van den Brande, J.（2019）*Teachers Workload Survey 2019: Research Report,* Department for Education, p.29.

17）*Ibid.,* p.35.

18）*Ibid.,* p.14.

19）OECD（2019）*England（UK）- Country Note - TALIS 2018 Results.* http://www.oecd.org/education/talis/TALIS2018_CN_ENG.pdf, pp.6-7.

国際比較から見る教員の働き方改革
―フィンランドにおける教員の働き方―

西村 貴之
（北翔大学）

1. はじめに

　フィンランドは経済協力開発機構(OECD)による生徒の学習到達度調査(PISA)で好成績をおさめたことをきっかけに教育立国としてわが国でも高い関心をもたれてきた国である。TALIS (2018)には仕事に対する満足度を問う項目がある（表1）。フィンランドと日本の教員[1]のおよそ8割が、「全体としてみれば、この仕事に満足している」と回答している（フィンランド：88.0％、日本81.8％、参加国平均90.2％）。フィンランドがTALIS参加国平均および日本よりも顕著に高い割合を示している項目には、「教員であることは、悪いことより、良いことのほうが明らかに多い」（フィンランド：92.9％、日本73.9％、平均75.1％）、「教職は社会的に高く評価されると思う」（フィンランド：58.2％、日本34.4％、平均

表1　仕事に対する教員の満足度(%)

国名	教員であることは、悪いことより、良いことのほうが明らかに多い	教職は社会的に高く評価されていると思う	現在の学校での仕事を楽しんでいる	現在の学校での自分の仕事の成果に満足している	全体としてみれば、この仕事に満足している
フィンランド	92.9	58.2	87.4	94.2	88.0
日本	73.9	34.4	78.4	49.0	81.8
TALIS参加国	75.1	32.4	88.8	92.7	90.2

出典：TALIS(2018)より筆者作成

32.4％）がある。フィンランドにおいて教員は職業的威信の高い仕事であることがわかる。他方、日本の教員が参加国平均およびフィンランドの割合の約半分となった項目がある。「現在の学校で自分の仕事の成果に満足している」（日本：49.0％、フィンランド：94.2％、平均92.7％）である。教員という仕事に満足をしているが、勤務校における自分の仕事の成果に対して満足していない背景にはさまざまな要因が考えられるだろう。本稿では、こうしたわが国の教員の働き方を考える一助として、フィンランドの基礎学校の教員[2)]の働き方の特徴を浮かび上がらせたい。

2. 教員の働き方の特徴

TALIS（2018）調査結果から教員の一週間の平均時間をみてみよう（表2）。「仕事時間の合計」では、日本が56.0時間に対して、フィンランドは参加国平均を5ポイント下回る33.3時間と短い。教育活動[3)]に充てられている時間は、日本の

表2　（教員）直近の「通常の一週間」において、仕事の時間数の平均（1時間＝60分）						
国名	教育活動					
	仕事時間の合計	指導（授業）	学校内外で個人で行う授業の準備や計画	学校内での同僚との共同作業や話し合い	生徒の課題の採点や添削	生徒に対する教育相談（生徒の監督指導、インターネットによるカウンセリング、進路指導、非行防止指導）
フィンランド	33.3	20.7	4.9	2.1	2.9	1.0
日本	56.0	18.0	8.5	3.6	4.4	2.3
TALIS参加国	38.3	20.3	6.8	2.8	4.5	2.4

国名	それ以外の活動					
	学校運営業務への参画	一般的な事務業務（教師として行う連絡事務、書類作成その他の事務業務を含む）	職能開発活動	保護者との連絡や連携	課外活動の指導（例：放課後のスポーツ活動や文化活動）	その他の業務
フィンランド	0.3	1.1	0.8	1.2	0.4	0.9
日本	2.9	5.6	0.6	1.2	7.5	2.8
TALIS参加国	1.6	2.7	2.0	1.6	1.9	2.1

出典：TALIS(2018)より筆者作成

教員が65.7％であるのに対して、フィンランドの教員は94.9％を占めている。周知のとおり、日本の教員の仕事は教育活動以外の業務[4]に多くの時間が割かれている。両国の差は15.9時間と大きい。とりわけ日本では部活動による「課外活動の指導」（7.5時間）と「一般的な事務業務」（5.6時間）に従事する時間の割合が高い。フィンランドでは、前者が0.4時間、後者が1.1時間にとどまる。フィンランドの教員は、なぜ大半の時間を教育活動に費やすことが可能なのだろうか。

（1）教育活動における裁量の大きさと職務の限定化

　その大きな要因の1つは職務の範囲が限定的である点である。教員の大半は自治体立の学校に勤務しており地方公務員の身分である。採用は各学校単位であり、その方法[5]は学校の裁量になっている。学校統廃合や本人の希望がない限り定年まで採用された学校で働く。フィンランドの学校年度は、基礎教育法により8月1日から翌年7月31日までであり、教員の勤務日数は189日38週間と定められている。長期休業（夏休み：2か月半、クリスマス休み：10日間程度、秋休みならびに冬休み：1週間程度）中は、教員も児童生徒ともに有給の休暇扱いとなる[6]。

　TALIS（2018）調査結果によれば、日本の中学校における1学級の生徒数の平均が30.4人であるのに対して、フィンランドは参加国平均（24.5人）を下回る18.1人である（表略）。日本に比してフィンランドの教員が担当する生徒の人数は少ない。フィンランドでは学級編成に法的な規定はない。例えばヴァンター市のように条例により各学級の定員を26名と定めている自治体もあるが、全国的には一学級15～25人程度となっている[7]。学校および各教員は、政令に定められた各教科の割当時数に従って、どの学年にどの教科を割り当てるか決定することができる[8]。教員は自分の担任するクラスの始業時刻を学校全体の時間割の流れに沿いながら自由に設定できる。教科書の使用は義務づけられていない。1994年のナショナルカリキュラムから教科書検定制度は廃止されており、教員はどの出版社の教科書を使用するのかの裁量権が認められている。1日の労働時間のうち授業時間以外は〈自己研修時間〉と見なされ、授業終了後は学校外の図書館や自宅で研修ができる[9]。

　教員の待遇は、国、雇用主である自治体と組織率が95％を超える教職員組合（OAJ）との間に結ばれる労働協約によって定められている。基本給のうちに含

図1　給与システム

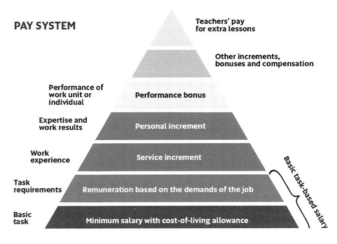

出典：OAJ

まれている職務としては、〈授業準備〉〈授業の実施〉〈職員会議への出席〉〈校務
分掌〉〈保護者対応〉〈3日間の研修[10]〉である[11]。定められている週当たりの最
低授業時数を超過した場合は、そのコマ数分の超過勤務手当が支払われる。日本
の部活動のような放課後校内で行われるクラブ活動などは〈補習〉とみなされ、
担当する場合は別途手当が支給される。このように教員の職務内容は上述の三者
によって結ばれる労働協約で明確化されており、それに対応するかたちで給与が
支払われている[12]（図1）。

(2) 多職種連携・協働による学校体制

　フィンランドは、「機会の平等と公正な教育」の原則に基づき、身体的・精神
的障害をはじめ医療的ケアが必要な者、発達障害をもつ者、不安定な家庭環境下
にある者、さらに近年増加傾向にある移民を含むすべての子ども一人ひとりにあ
ったきめ細やかな教育が徹底されている。そのために、学校において多様な専門
職が子どもの育ちに重要な役割を果たしている。教員が授業を中心とした教育活
動に多くの労働時間を傾注できるのは、こうした体制が整備されている点も大き
い。

①学習指導員：政令に定められたすべての児童生徒に対して学習や基礎学校修了後の進路に関して体系的にキャリア・ガイダンスとカウンセリングを担当する。

②特別支援専門教員：特別なニーズをもつ児童生徒や特定の教科の学びに遅れが目立つ子どもに対してより丁寧な学習支援を行う。

③スクールアシスタント：対象児童生徒の学習を補助する。＊教員資格を有さない。

④リソース教員：無期雇用教員の担当児童生徒数を減らすために配置される有期雇用教員。

⑤スクールソーシャルワーカー：いじめや家庭の問題等人間関係に関する支援を担当する。

⑥スクールサイコロジスト：発達と学習、メンタルヘルスに関する領域を担当する。

⑦スクールナース：心身の健康増進と問題の早期発見・対処を主に行う。

⑧学校医

⑨ユースワーカー：前期中等教育段階でドロップアウトを防止するために全国で設置が義務付けられているフレキシブル基礎学校（JOPO）において特別支援専門教員とチームとなって教育を担う。

　2014年に基礎教育に関する4つの改革が示された。その1つとして「学校文化の再考」が示され、コアとなる学習コミュニティを構築する1要素として「日常生活の安全とウェルビーイング」が位置付けられた。同年より施行された「児童・生徒ウェルフェア法」によって、スクールサイコロジストやスクールソーシャルワーカーは、これまで行ってきた教員から受けた児童生徒の案件、児童生徒や保護者から直接相談された案件への対応に加えて、「問題発生防止活動」としての教育活動を実施することが求められている[13]。TALIS（2018）調査によれば、生徒の問題行動の発生率に関するいくつかの項目でフィンランドの学校は、日本の学校よりもかなり高い（いじめ問題にいたっては29ポイントの差）（表3）。こうした生徒が抱える教育課題に対して多職種連携・協働による対応が一層求められている[14]。

表3　（校長）少なくとも毎週発生している生徒の問題行動（%）							
国名	生徒間の脅迫又はいじめ（又は、他の形態の暴言）	薬物の使用・所持や飲酒	生徒間の暴力による身体的危害	器物損壊・窃盗	教職員への脅迫又は暴言	生徒についてのインターネット上の抽象的な情報に関する生徒や保護者からの報告	生徒間の、オンラインでの望ましくない接触（SMS,SNS,E-mail）に関する生徒や保護者からの報告
フィンランド	29.0	4.0	2.0	4.0	5.0	0.0	1.0
日本	0.4	0.0	0.4	0.5	1.3	0.5	0.5
TALIS参加国	13.0	2.0	2.0	3.0	3.0	2.0	3.0

出典：TALIS(2018)より筆者作成

おわりに

　TALIS（2018）の調査結果によれば、フィンランドの教員は、職業的威信の高い教員という仕事に満足をしており、かつ勤務校での自分の仕事の成果に対しても満足している。それには以下のような要因が影響していると考えられる。①労働協約によって教員の職務内容が明確に限定されている。②各学校や教員の活動する裁量が大きい[15]。③小規模学級と労働時間の短さといった環境がある。④多職種連携・協働をベースにした学校の体制によって、教員は授業に専心できる。これらは、現在の多忙化を極める日本の教員が置かれている働き方を再考するうえで重要な視点（違い）である。最後に、もう1つTALIS（2018）の調査による両国の違いが表れた項目を紹介したい（表4）。「教員になる際に重要と感じた動機」について、「継続的なキャリアアップの機会が得られる」「私生活での責任を果たすことを妨げない勤務スケジュールである」の2つの項目で、日本はおよそ5割にとどまるのに対して、フィンランドはおよそ7割である。フィンランドでは、

表4　教員になる際に重要と感じた動機（%）					
国名	継続的なキャリアアップの機会が得られる			私生活での責任を果たすことを妨げない勤務スケジュールである（例：勤務時間、休日等）		
	全体	勤続5年以下	勤続5年超え	全体	勤続5年以下	勤続5年超え
フィンランド	73.0	63.8	75.0	70.1	72.7	69.6
日本	49.6	52.5	48.9	54.2	54.9	53.9
TALIS参加国	67.5	68.0	67.3	70.0	70.2	69.8

出典：TALIS(2018)より筆者作成

自分の専門性を継続的に高めていけたり、私生活を犠牲にしない働き方ができたりする職業として教員が広く認知されていることを意味する。「ときに多忙で過酷な働き方を強いられるが、それでも教員という仕事にはやりがいがある」といった日本の教員に対する職業観を転換する時期に来ている。

【注】
1) 本研究では、前期中等教育段階の教員の調査結果を用いている。
2) 基礎学校1～6学年（日本の小学校相当）はクラス担任教員が、7～9学年（日本の中学校相当）は教科担任教員が配置されている。
3) ここでは教育活動を以下の5項目から算出している。「指導（授業）」「学校内外で個人で行う授業の準備や計画」「学校内での同僚との共同作業や話し合い」「生徒の課題の採点や添削」「生徒指導に対する教育相談（生徒の監督指導、インターネットによるカウンセリング、進路指導、非行防止指導）」。
4) ここではそれ以外の活動を以下の6項目から算出している。「学校運営業務への参画」「一般的な事務業務（教師として行う連絡事務、書類作成その他の事務業務を含む）」「職能開発活動」「保護者との連絡や連携」「課外活動の指導（例：放課後のスポーツ活動や文化活動）」「その他の業務」。
5) 一般的には公募の方式（書類選考と面接試験）をとる。
6) ただし、校長や事務長は一定日数の出勤が義務づけられている。
7) 特別支援学級の定員は10名と基礎教育令によって決まっている。
8) 割当時数は自治体や学校の裁量によって増やすことができる。ただし超過勤務手当が発生することもあるため、各自治体の教育予算の枠に制約を受ける。
9) この点は北川ほか編（2016）に詳しい。
10) 教員は年間最低3日間学外研修を受ける義務を有する。学校委員会が主催する無料の義務研修や大学やOAJなどの諸団体が企画する有料の学外研修に参加する。教員は、放課後や休日を利用して参加したり、校長の許可を得て業務扱い（この場合は雇用主の自治体が費用を負担する）で参加したりする者も少なくない。
11) 一定の勤続年数に応じた定期昇給や賞与がある（日本のように毎年の支給はない）。なお、勤務状況を評定する教員評価制度はない。
12) 2015年の教科担任教員の平均給与は3,807ユーロである（西村：2018）。
13) スクールサイコロジストによる自己認識や自尊心に関する授業の実施、スクールソーシャルワーカーによる共同体意識を高めるワークショップの実施など（松本編：2017）。
14) 生徒のウェルビーイングを保障するために、校内に支援体制（学校ウェルフェアチーム）が整えられている。
15) ナショナルコアカリキュラムの大綱化による。また、個々の学校や教員に裁量を委ねられるほどの高度な専門性をフィンランドでは5年間の教員養成によって修得している。

【参考文献】
1) 北川達夫・中川一史・中橋雄『フィンランドの教育—教育システム・教師・学校・授業・メディア教育から読み解く』、2016年、フォーラム・A
2) 小曽湧司・是永かな子「フィンランドにおける通常学校における段階的支援の動向と実践

　　―協働教授や移民支援の視点も包括して―」高知大学大学院総合人間自然科学研究科教職実践高度化専攻附属学校教育研究センター『学校教育研究』2019年、pp.1‐11

3）国立教育政策研究所編『教員環境の国際比較』，ぎょうせい，2019

4）竹形理佳「フィンランド在住の日本人心理学者からみた学校環境とウェルビーイング」、松本編『日本とフィンランドにおける子どものウェルビーイングへの多面的アプローチ―子どもの幸福を考える』、2017年、明石書店、pp.255‐270

5）西村貴之「フィンランドにおける社会的排除のリスクをもつ若者に対する基礎教育制度―Flexible Basic Education ; JOPOR実施校調査から―」、首都大学東京人文科学研究科『人文学報』471号、2013年、pp.39-63

6）西村貴之「フィンランドにおける教員の働き方」『季刊教育法』198、2018年、pp.30‐37

7）藤原文雄編『世界の学校と教職員の働き方―米・英・仏・独・中・韓との比較から考える日本の教職員の働き方改革』2018年、学事出版

8）福田誠治『フィンランドは教師の育て方がすごい』、2009年、亜紀書房

9）松本真理子編『日本とフィンランドにおける子どものウェルビーイングへの多面的アプローチ―子どもの幸福を考える』、2017年、明石書店

10) CURRICULUM IN FINLAND Mr Jorma Kauppinen, Director Finnish National Board of Education, https://dge.mec.pt/sites/default/files/Noticias_Imagens/1_curriculum_in_finland.pdf　2019年7月3日アクセス

11) Matti Taajamo & Eija Puhakka ˝OPETUKSEN JA OPPIMISEN KANSAINVÄLINEN TUTKIMUS TALIS 2018

12) フィンランド教職員組合（OAJ）　https://www.oaj.fi/en/pay-conditions-help/　2019年7月15日アクセス

13) Pasi Sahlberg *Finnish Lessons 2.0 : What can the world learn from educational change in Finland?* (2nd ed.)、2015年、Teachers College Press

日本国際教育学会規程集

日本国際教育学会規則

1990年　8月　8日発効
2002年11月15日改正
2008年11月15日改正
2009年　9月12日改正
2010年　9月11日改正
2011年　9月10日改正
2013年　9月28日改正
2014年　9月13日改正
2015年　9月12日改正
2016年　9月10日改正
2017年　9月　2日改正
2018年　9月29日改正

第 1 条　名称

本会は、日本国際教育学会（JAPAN INTERNATIONAL EDUCATION
SOCIETY、略称 JIES）と称する。

第 2 条　目的

本会は、国際教育に関する学術研究を行なうことを目的とする。

第 3 条　会員の資格及び構成

本会の目的に賛同する者は何人も会員になることができる。本会は、
次に示す会員を以って構成する。

1）正会員（学生会員を含む）

理事会の審査により、研究経歴、研究業績及び所属機関団体がその
要件を満たしていると認められた者。正会員中、学生会員とは、大
学院生、大学院研究生等であり、理事会の審査で認められた者をいう。
ただし、特定国の行政或いは特定機関団体の営利活動など、学術研
究の制約される職務に携わる場合は、本人がその旨を申告し、その間、
その地位を賛助会員に移すものとする。

2）賛助会員

本会の存在とその研究活動の意義を認め、それへの参加ないし賛助
を希望する者、ただし、本人の申告により、理事会の審査を経て、
その地位を正会員に移すことができる。

第 4 条　会員の権利義務

1）議決権及び役員選挙権

本会の運営に関する議決権、役員の選挙権及び被選挙権の行使は、
正会員に限るものとする。

2）研究活動に参加する権利

正会員及び賛助会員は、研究会における研究発表、研究紀要への投稿、
共同研究等、本会の主催する研究活動に参加することできる。

3）会費納入の義務

会員は、所定の会費を納入する義務を負う。会員の地位及び国籍に
よる会費の額は、総会において決定する。会費を滞納し、本会の督
促を受け、それより1年以内に納入しなかった会員は、会員の資格を

喪失する。ただし、名誉理事はこの限りでない。会員は、住所等移動の際は速やかに届出るものとし、通知等は届出先に送付すれば到達したものとする。会費滞納者は、本総会議決権を行使することができない。

4）研究倫理の遵守義務

会員は、相互に思想信条の自由を尊重し、本会を特定国の行政或いは特定機関団体の営利活動のために利用してはならない。

5）学会活動における公用語

総会、理事会、その他各種委員会の審議及び正式文書の公用語は日本語とする。ただし、研究会における研究発表、研究紀要への投稿は、この限りでない。

第 5 条　総会

1）本会の研究活動の企画立案及び実施に関わる最高決議機関は、総会である。

2）総会は正会員の過半数の出席を以て成立し、その決議は出席者の過半数の賛成を以て効力を得る。ただし、総会に出席できなかった正会員の委任状を、出席者数に加算することができる。

3）総会が成立しない場合は仮決議とし、総会終了後1ヵ月以内に異議が出されない場合は本決議とみなす。

4）理事会は総会に議案を提出することができる。

5）正会員は、全正会員の十分の一の連名を以て、総会に議案を直接提出することができる。この場合は、総会開催日の1ヵ月以前に同議案を学会事務局宛に提出するものとする。

6）賛助会員は、総会を傍聴し参考意見を述べることができる。

第 6 条　役員及び役員会

総会決議の執行に当たるために、本会に次の役員及び役員会を置く。

1）会長（1名）

会長は理事会において常任理事の中から互選され、任期は2年とする。会長は、年次総会及び臨時総会を開催し、その総会決議の執行に当たる。

2）副会長（1名）

副会長は理事会において常任理事の中から互選され、任期は2年とする。副会長は、会長を補佐し、会長が特段の事情によりその職務を遂行できない場合は、それを代行する。

3）常任理事

常任理事は正会員で会費納入者の中から正会員の投票によって選挙され、任期は2年とする。会長及び副会長を含む常任理事は、理事会を構成し、総会決議の執行に当たる。理事会は常任理事の過半数の出席を以て成立し、その決議は出席者の過半数の賛成を以て効力を得る。

4）特任理事

学会運営に係る特別な任務や学会活動の発展のため、必要に応じて特任理事を置くことができる。特任理事は会長が必要に応じて指名し、理事会が承認する。特任理事は理事会を構成し、総会決議の執行に当たる。任期は2年とする。

5）顧問

本会は顧問を置くことができる。顧問は会長が委嘱し、任期は会長の在任期間とする。

6）名誉理事

本会は必要に応じて名誉理事を置くことができる。名誉理事は理事会が委嘱し、任期は2年とする。名誉理事は、理事会に対し議案を直接提出することができる。その委嘱は会員の地位にはかかわりないものとする。ただし、再任を妨げない。

7）紀要編集委員会（委員長1名、副委員長1名、委員7名、幹事1名）

編集委員長は常任理事の中から、また、委員及び幹事は専門領域を考慮して正会員の中から、それぞれ理事会の議を経て、会長が委嘱する。副委員長は編集委員の中から互選する。委員は、紀要編集委員会を構成し、論文の募集、審査、紀要の編集、発行に当たる。紀要編集規程は、これを別に定める。

8）学会事務局（事務局長1名、事務局次長、事務局幹事若干名）

事務局長は理事の中から理事会の議を経て任命する。また事務局次長及び事務局幹事は会長によって正会員の中から任命される。いずれも任期は会長の在任期間とする。事務局次長及び事務局幹事は、理事会に臨席することができる。会長及び副会長は、事務局長、事務局次長、事務局幹事及び紀要編集幹事と共に学会事務局を構成し、本会運営のための実務遂行に当たる。学会事務局の設置場所は、会長がこれを定める。

9）会計監査（2名）

会計監査は総会において選任し、任期は2年とする。会計監査は、本会の予算執行の適正如何を検査し、その結果を総会に報告する。

10）選挙管理委員会（委員長1名、委員4名）

選挙管理委員会委員長及び委員は総会において正会員及び賛助会員から互選し、常任理事の任期満了に伴う選挙の公示、投票、集計、証拠書類の管理、新常任理事の指名に当たる。任期は当該選挙事務の完了までとする。選挙規程は、これを別に定める。

11）役員の兼務の禁止

総会決議の執行に当たる役員は、特定の定めのある場合を除き、二つ以上の役員を兼務してはならない。

第 7 条　研究委員及び研究協力者の任命

理事会は、共同研究の実施に当たり、その研究課題に応じて、正会員の中から研究委員を委嘱することができる。研究委員は研究委員会を構成し、その合意に基づいて研究協力者を委嘱することができる。

第 8 条　役員の罷免及び会員資格の停止

1）総会決議の執行に当たる役員であって本会の研究倫理の遵守義務に違反した者は、任期途中であっても、本総会において、全正会員の三分の二以上の議決を以て、これを罷免することができる。

2）本会の研究倫理の遵守義務に違反した会員は、総会に出席した正会員の三分の二以上の賛成を以て、その会員資格を停止することができる。ただし、当該会員には、その議決に先だって、自己弁護の

機会を与えるものとする。

第９条　学会賞

1）本会は、会員の研究活動の成果を顕彰し、また研究活動を奨励するために学会賞を設ける。

2）学会賞の選考に関する規則は別に定めるものとする。

第１０条　会期

本会の会期は８月１日から７月３１日とする。本会の会計年度もまた同様とする。

第１１条　本規則の改正

本規則の改正は、総会に出席した正会員の三分の二以上の賛成を以て発議され、全正会員の三分の二以上の賛成を以て実施することができる。

第１２条　細則

本会を運営するに必要な細則は理事会が定め、総会に報告する。

第１３条　学会所在地及び取扱い金融機関

1）学会所在地

日本国際教育学会の第16期（2020-21年度）の学会所在地は、〒162-8433　東京都新宿区市谷本村町10-5　JICA地球ひろば　（公社）青年海外協力協会　佐藤秀樹気付とする。

2）金融機関

第16期中の学会名義の郵便局振替口座（口座名義：日本国際教育学会、口座番号：00130-7-124562）の代表者は、佐藤秀樹とし、同口座の登録住所は、前項の学会所在地とする。

第１４条　設立年月日

本学会の設立年月日は1990年8月8日とする。

第１５条　本規則の発効

本規則は、旧国際教育研究会規則の改正に基づき、1990年8月8日を以て発効する。

附則1　本改正案は2002年11月15日開催の総会終了後より施行する。

附則2　本改正案は2008年11月15日開催の総会終了後より施行する。

附則3	本改正案は2009年9月12日開催の総会終了後より施行する。
附則4	本改正案は2010年9月11日開催の総会終了後より施行する。
附則5	本改正案は2011年9月10日開催の総会終了後より施行する。
附則6	本改正案は2013年9月28日開催の総会終了後より施行する。
附則7	本改正案は2014年9月13日開催の総会終了後より施行する。
附則8	本改正案は2015年9月12日開催の総会終了後より施行する。
附則9	本改正案は2016年9月10日開催の総会終了後より施行する。
附則10	本改正案は2017年9月2日開催の総会終了後より施行する。
附則11	本改正案は2018年9月29日開催の総会終了後より施行する。

日本国際教育学会役員選挙規程

1990年 8月 8日発効
2002年11月15日改正
2008年11月15日改正
2010年 9月11日改正

第 1 条　目的

本規程は、日本国際教育学会規則（以下、本則という）第6条第10項の規定に基づき、総会決議の執行に当たる役員の選挙を円滑かつ公正に行なうことを目的として制定する。

第 2 条　選挙人及び被選挙人

役員の任期満了4ヵ月以前に入会を認められ、かつ当該会期から起算して3会期以内に会費の納入が確認された全正会員は、選挙人及び被選挙人となることができる。なお、被選挙人の確定後投票締め切り日までに入会を認められ、かつ会費を納入した正会員、あるいは滞納分の会費を納入した会員は、選挙権のみ認められるものとする。この場合においては、選挙管理委員会の承認を得ることとする。

第 3 条　名簿の作成

選挙管理委員会は、第2条（選挙人及び被選挙人）に基づき、次期役員の選挙にかかわる選挙人及び被選挙人を確定し、その名簿を作成する。

第 4 条　選挙の公示

選挙管理委員会は、役員の任期満了3ヵ月以前に、被選挙人名簿及び選挙管理委員会印を捺した投票用紙を全選挙人に同時に発送し、投票を求める。この発送日を以て選挙公示日とする。

第 5 条　投票用紙への記載

投票用紙への記載は、日本国際教育学会役員選挙規程細則にもとづき、首都圏ブロック、地方ブロック（首都圏ブロック以外）ともにその理事定数以内の連記とする。

第 6 条　投票の形式

投票は、郵送による秘密投票とする。

第 7 条　投票数の確定

投票期間は、選挙公示日から起算して30日以上60日以内の範囲で選挙管理委員会の定めた日までとし、同日までに到着した分を以て締め切り、投票数を確定する。

第 8 条　開票及び集計

選挙管理委員会は、投票数の確定後、速やかに開票し集計を行なう。投票用紙の判読及び有効票の確定は、専ら選挙管理委員の多数決による。

第 9 条　開票作業の公開

開票作業は公開とし、会員は開票作業に立ち会うことができる。ただし、選挙管理委員会は、立ち会い人の数を開票作業の妨げにならない範囲に制限することができる。

第10条　新役員の指名

選挙管理委員会は、その集計終了後、速やかにその結果を口頭及び文書で理事会に報告しかつ当選者を新役員に指名する。ただし、選挙管理委員長の署名捺印した文書による報告及び指名を正式のものとする。

192

なお、新役員の当選者が学生会員である場合、当該当選者を正会員とすることをもって、特任理事となることができる。この場合、理事会による承認を得るものとし、本則第6条第4項にある特任理事の人数には加えないこととする。

第11条　証拠書類の管理

当該選挙に関わる証拠書類は、選挙管理委員の全員がその内容を確認し、その目録に署名捺印した上、密封して保存する。ただし、その保存責任者は選挙管理委員長とし、保存期間は新役員の任期満了までとする。

第12条　欠員の補充

選挙管理委員会は、役員に欠員の生じた場合は、次点の者を繰り上げて役員に指名する。得票数の同じ次点が複数存在する場合は、抽選により当選者を決定する。ただし、その任期は、先任者の残りの任期とする。

第13条　本規定の改正

本規定の改正は、本則第11条に定める改正手続きに準じるものとする。

第14条　本規定の発効

本規定は、1990年8月8日を以て発効する。

附則1　本改正案は2002年11月15日開催の総会終了後より施行する。

附則2　本改正案は2008年11月15日開催の総会終了後より施行する。

附則3　本改正案は2010年9月11日開催の総会終了後より施行する。

日本国際教育学会役員選挙規程細則

2010年　9月11日発効
2015年　9月12日改正

第　1　条　　正会員の所属ブロック

1）日本国際教育学会役員選挙規程に定める役員選挙に関わる正会員の所属ブロックは次のとおりとする。

1. 首都圏ブロック　東京、神奈川、千葉、埼玉
2. 地方ブロック　首都圏ブロック以外

2）正会員の所属ブロックは本務勤務地（学生の場合は在籍大学の所在地）とする。勤務先のない正会員の所属ブロックは住所地とする。

第 2 条　**理事選出**

日本国際教育学会規則第6条3）に定める理事は、首都圏ブロックと地方ブロックに区分して選出する。

第 3 条　**理事定数**

日本国際教育学会規則第6条3）に定める理事定数は、原則として、役員選挙実施年度の3月31日現在の会員数にもとづき、首都圏ブロックおよび地方ブロックの会員数10名につき理事1名の割合で按分し、理事会にて審議決定の上、選挙時に公示するものとする。

第 4 条　**投票**

役員選挙は、正会員（学生正会員を含む）が首都圏ブロックに所属する被選挙人のうちから当該ブロックの理事定数分の人数を、地方ブロックに所属する被選挙人のうちから当該ブロックの理事定数分の人数を投票するものとする。

日本国際教育学会慶弔規程

2011年 9月10日発効

第 1 条　顧問、会長、副会長（以上、経験者を含む。）、名誉理事および会員に顕著な慶事があった場合には、学会として、慶意を表す。顕著な慶事および慶意の内容については、理事会において審議し決定する。

第 2 条　学会活動に多大な貢献を行い、継続して学会の発展に寄与したと認

められる顧問、会長、副会長（以上、経験者を含む。）、名誉理事および会員が死亡した場合には、学会として、次のような方法により、弔意を表す。弔意を表す対象者およびいずれの方法によるかについては、遺族の意向を尊重しつつ、理事会の助言に基づき、会長等が決定する。

1）弔電
2）香典（1万円以内）
3）献花
4）弔辞
5）ニューズレターにおける追悼記事
6）ニューズレターまたは紀要における追悼特集

附則　　本改正案は2011年9月10日開催の総会終了後より施行する。

学会賞・奨励賞の選考に関する規則

2012年　9月29日発効
2016年　9月10日改正

第 1 条　学会賞の名称
　　　　学会賞の名称を「日本国際教育学会学会賞・日本国際教育学会奨励賞」（以下、賞）とする。

第 2 条　賞の対象
　　　　1）学会賞は、本会の会員が発表した国際教育学の顕著な研究業績で、会員から自薦・他薦のあった論文と著作を対象とする。
　　　　2）奨励賞は、1）に準じ、かつ国際教育学の発展に寄与することが期待される萌芽的な研究業績で、会員から自薦・他薦のあった論文と著作を対象とする。
　　　　3）会員が自薦・他薦できる研究業績は、会員1人当たり合わせて1

点とする。

4）自薦・他薦の対象となる研究業績は、日本国際教育学会紀要『国際教育』に掲載された論文及び国内外において刊行された日本国際教育学会員の研究著書とする。

第 3 条　賞の選考

1）賞の選考は、日本国際教育学会学会賞選考委員会（以下、選考委員会）が行い、選考結果を会長に報告する。

2）賞の選考は、2年間を単位とし、この間に発表されたものとする。

3）自薦・他薦の方法及び選考方法については選考委員会が別に定める。

第 4 条　選考委員会

1）選考委員会は委員長、委員4名（副委員長を含む）の5人から構成する。ただし、対象論文と著作の内容によっては、選考委員（査読委員）を追加することができる。

2）委員長は常任理事の中から、また、委員及び幹事は正会員の中から会長が指名し、それぞれ理事会の議を経て委嘱する。副委員長は選考委員の中から互選する。委員のうち1人は紀要編集委員の中から選任する。

3）選考委員会の委員の任期はいずれも2学会年度とする。

第 5 条　受賞点数

論文と著作の受賞点数は、2年間で合わせて2点ないし3点程度とする。

第 6 条　賞の授与

1）賞の授与は、会員1人につき論文と著作のそれぞれについて1回を限度とする。

2）賞の授与は、年次大会総会において行う。

3）賞の授与は、表彰のみとする。

第 7 条　選考委員会への委任

この規則に定めるものの他、必要な事項は選考委員会が決定する。

第 8 条　規則の改定

本規則の改正については、理事会の議を経て総会の承認を得るものとする。

附則1　本規則は2012年9月29日より施行する。

附則2　本改正案は2016年9月10日開催の総会終了後より施行する。

個人情報の取り扱いに係る申し合わせ

2012年 9月29日　2012年度第1回理事会決定

日本国際教育学会規則第4条「会員の権利義務」第2項「研究活動に参加する権利」および第3項「会費納入の義務」に関し、本学会が会の運営のために収集した会員の個人情報の取り扱いに関する申し合わせを次のように定める。

1．収集の目的と対象

学会の学術研究のための会務および活動を行うため、会員あるいは本学会の活動に参加を希望する非会員から、第2項に定めるような特定の個人が識別できる情報を必要な範囲で収集する。個人情報収集の際は、その目的を明示するとともに、情報の提供は提供者の意思に基づいて行われることを原則とする。

2．個人情報の範囲

特定の個人が識別できる情報の範囲とは、会員の氏名、所属・職名、生年月日、国籍、連絡先（[自宅住所、自宅電話番号、自宅ファックス番号、自宅電子メールアドレス]、[所属先住所、所属先電話番号、所属先ファックス番号、所属先電子メールアドレス]）、研究領域・テーマ、主な研究経歴・業績、会費納入状況、その他の学会賞の選考や役員選挙等に必要な情報を指す。

3．情報開示の目的

1）会員の個人情報は、本学会の目的の達成および本学会の運営のため、ならびに会員相互の研究上の連絡に必要な場合に、必要な会員に開示する。開示を受けた会員は前述した目的以外の目的のために個人情報を使用してはならな

い。

2）理事、事務局構成員などの役職にある者の氏名と役職名は、本学会ホームページ、紀要、ニューズレター等において開示される。

4．情報開示の範囲

本学会の理事、事務局構成員、各種委員会の委員は、その職務に必要な限りにおいて、本学会が収集した個人情報を本申し合わせ第1項のもとに知ることができる。それ以外の会員は、会員の氏名、所属・職名、国籍、連絡先（［自宅住所、自宅電話番号、自宅ファックス番号、自宅電子メールアドレス］、［所属先住所、所属先電話番号、所属先ファックス番号、所属先電子メールアドレス］）、研究領域・テーマを、情報提供者の同意を原則として、個人情報保護法および関連する諸規則のもとに知ることができる。

5．情報の譲渡

個人情報は原則として会員外への開示および譲渡を禁止する。但し、本学会の運営のため、あるいは本学会の活動の目的達成のために理事会において承認された場合はこの限りではない。また、役員が在任期間中に知り得た会員の個人情報は、その役を退いた時は速やかに適切な方法により破棄することとする。

6．会員名簿の発行と取り扱い

本学会は会員の名簿を発行する。会員名簿は、本学会の活動、役員の選挙、および研究上の連絡のために作成し、必要な情報を提供者の同意のもとに掲載する。同意が得られない場合は、その情報を掲載しない。会員は名簿を第三者に譲渡・貸与してはならない。また、その管理には十分に留意し、紛失等がないようにしなければならない。会員名簿は本学会の運営および研究上の連絡のためにのみ使用する。

7．個人情報の管理・保存・破棄

本学会会員の個人情報は適切に管理し、外部への漏洩、改ざん、または紛失のないようにする。個人情報を記載した文書の保存や破棄については、その内容と種類に応じて理事会で決定する。

8．申し合わせの効力・改正

本申し合わせの改正は理事会の決議を経て行い、会員には本学会ホームページ、紀要、およびニューズレター等で告知する。改正の効力は、改正以前に収集さ

れた個人情報に及ぶものとする。

以上

会費納入に係る申し合わせ

2012年 9月29日　2012年度第1回理事会決定

日本国際教育学会規則第4条「会員の権利義務」第3項「会費納入の義務」に関する申し合わせを次のように定める。

1．会費納入と紀要の頒布

　会費未納者に対しては、その未納会費の年度に対応する学会紀要の送付を留保する。

2．会費納入と大会・研究会等での発表資格

　研究大会および春季研究会における発表申込者（共同研究者を含む場合はその全員）は、会費を完納した会員でなければならない。入会希望者の場合は、発表申込期限までに入会申込を行い、当該大会・研究会開催日までに理事会において入会の承認がなされていなければならない。

3．会費納入と紀要投稿資格

　学会紀要への投稿者（共同執筆者がいる場合はその全員）は、投稿締切日までに当該年度までの会費を完納している会員でなければならない。入会希望者の場合は、投稿締切日までに理事会において入会が承認され、当該年度の会費を納入していなければならない。

4．会費納入と退会

　退会を希望する会員は、退会を届け出た日の属する年度までの会費を完納していなければならない。退会の意向は学会事務局に書面をもって届け出るものとする。

5．会費納入催告の手続き

会費が3年度にわたって未納となっている会員は、次の手続きにより除籍する。ただし、名誉理事、および日本国外在住の者はこの限りではない。

1）未納2年目の会計年度終了後、当該会費未納会員に対し、会員資格を停止するとともに会費未納の解消を直ちに催告する。

2）未納3年目の会計年度末までに会費未納を解消しなかった会員の名簿を調製し、翌年度最初の理事会の議を経て除籍を決定する。

3）会費未納による除籍者は、会費完納年度末日をもって会員資格を失ったものとする。

6．会費未納と催告手段

会費が2年度にわたって未納であり、届け出られた連絡先への連絡をはじめとし、いかなる手段によっても連絡が取れない会員については、前項の規定にかかわらず会費完納年度末日をもって除籍とする。

7．会費納入期限

本学会の会期は8月1日から7月31日であり、会計年度もまた同様である。会員は、新年度の会費をなるべく9月末日までに払い込むものとする。

8．会費払込額の過不足の取り扱い

会費は、規定額を払い込むものとする。払込額が当該年度会費に満たない場合は、追加払込により満額になるまでは未納として扱う。払込額が当該年度会費の規定額を超過していた場合には、次年度以降の会費に充当する。

9．本申し合わせの効力・改正

本申し合わせの改正は理事会の決議を経て行い、会員には本学会ホームページ、紀要、およびニューズレター等で告知する。

以上

学会費及び振込先

会員の種類	年額（日本円）
正会員	10,000 円
賛助会員	7,000 円
学生会員	6,000 円
紀要定期購読	3,000 円
郵便振替口座	
口座名義	日本国際教育学会
口座番号	00130-7-124562
ゆうちょ銀行	
金融機関コード	9900
店番	019
預金種目	当座
店名	〇一九店（ゼロイチキユウ店
口座番号	0124562

日本国際教育学会紀要編集規程

1990年11月25日　創立総会決定
2005年11月12日　第15回総会一部改正
2011年 9月10日　第22回総会一部改正
2012年 9月29日　総会一部改正

第 1 条　目的

本規程は、日本国際教育学会規則（以下、本則という）第6条第5項の規定に基づき、紀要編集を円滑かつ公正に行い、学術水準の維持と向上を図ることを目的として制定する。

第 2 条　編集委員会

1）編集委員会を構成する者の任期は2年とする。ただし、再任を妨げない。

2）編集委員長は、編集委員会の召集、司会、及び本規程で別に定める任務の遂行に当たる。ただし、委員長が特別の事情によりその任務を果たせない場合は、副委員長がこれを代行する。

3）編集委員会は、編集委員長及び副委員長を含む編集委員の過半数の出席を以て成立する。ただし、編集委員会に出席できない委員の委任状を出席者数に加算することができる。

4）編集委員会は、それに欠員の生じた場合は、直ちに理事会に補充を要請するものとする。

第 3 条　審査権及び編集権

編集委員会は、投稿ないし寄稿原稿の審査及びその編集に関わる一切の権限を有しその義務を負う。原稿の審査及び採否の決定は、専ら編集委員会の合議による。また、編集委員会は、投稿（寄稿）者等との間で、紀要出版に関わる協定を締結するものとする。協定内容については別に定める。

第 4 条　紀要の名称

　　　　紀要の正式名称を『日本国際教育学会紀要』とする。ただし、編集委員会は、その編集方針ないし企画に応じて、表紙に特定の標題を掲げることができる。

第 5 条　紀要の内容

　　　　紀要の内容は、論文、研究ノート、調査報告、教育情報、書評、資料紹介、その他を以て構成する。

第 6 条　投稿及び寄稿

　　　1）正会員及び賛助会員は、論文、研究ノート、調査報告、教育情報、資料紹介の全てについて自由投稿の権利を有する。非会員が投稿を希望する場合は、予め入会を申し込まなければならない。投稿要領は、これを別に定める。

　　　2）編集委員会は、その編集方針ないし企画に応じて、会員及び非会員に寄稿を依頼することができる。

　　　3）編集委員会を構成する者の投稿は妨げない。

第 7 条　審査手続き

　　　　審査は、次に示す第1段審査と第2段審査からなる。

　　　（1）第1段審査

　　　1）投稿論文は、第1段審査を経なければならない。

　　　2）第1段審査は、投稿者の氏名及び所属を伏せて行う。

　　　3）編集委員長は、編集委員の中から専門性を考慮して各論文につき2名の審査担当者を指名する。ただし、編集委員の中に適任者を欠く場合は、その1名を編集委員以外の会員ないし非会員に委嘱することができる。

　　　4）編集委員会を構成する者の投稿論文の審査については、その審査担当者は1名を編集委員以外の会員ないし非会員に委嘱しなければならない。

　　　5）編集委員長は、論文の原本を保管し、投稿者の氏名及び所属を伏せた論文複写を2名の審査担当者に送付する。

　　　6）審査担当者は、相互に独立して審査を行い、その審査結果を文

書として編集委員会に提出する。

7）編集委員会は、審査担当者の提出した文書に基づき合議し、採否を決定する。

8）編集委員会を構成する者の投稿論文の審査に際しては、投稿者の同席を認めない。

9）採択が期待される原稿であって、なお再考ないし修正を要する箇所があると判断されるものについては、それに条件を付して採択することができる。

（2）第2段審査

1）第1段審査において条件を付して採択された投稿論文と研究ノート、及び寄稿論文、調査報告、教育情報、資料紹介は、第2段審査を経なければならない。

2）第2段審査は、投稿者ないし寄稿者の氏名及び所属を明示して行うことができる。

3）第1段審査において条件を付し採択された投稿論文については、再考ないし修正の結果を審査し、採否を最終決定する。

4）編集委員会の依頼による寄稿論文については、前項（1）の3）、6）、7）及び9）の審査手続きに準じて審査する。

5）調査報告、教育情報、資料紹介については、編集委員長を審査担当者として審査を行い、編集委員会の合議により採否を決定する。ただし、採択に際して、再考ないし修正の要求等、必要な条件を付することができる。

第 8 条　採否の通知及び証明

編集委員会は、採否が最終決定した原稿については、投稿者ないし寄稿者にその旨通知しなければならない。また、委員長は、採択が最終決定した原稿については、投稿者ないし寄稿者の求めがあれば、その証明を発行することができる。

第 9 条　倫理規定

1）寄稿依頼については、専ら専門的学識ないし社会的実績を基準とし、特定の社会集団に偏らないよう配慮して、編集委員会の合意

によりなされなければならない。

2) 編集委員会は、投稿ないし寄稿原稿のいずれに対しても、その審査過程において加筆や修正を施してはならない。

3) 守秘義務
　編集委員会は、投稿者ないし寄稿者の利益と名誉に配慮し、原稿の内容、審査の経過及び結果の全てに関し守秘義務を負う。

4) 不服申し立てに対する回答
　編集委員会は、原稿の審査及びその編集について不服の申し立てがあった場合は、文書により必要な回答を行うものとする。ただし、その回答は、編集委員会の総意に基づき、委員長ないし審査担当者が行い、回数は2回以内に限るものとする。

5) 偽作、盗作、二重投稿等の事実が判明した場合は、採択ないし掲載の事実を取り消し、その旨を告知する。

第10条　刊行及び頒布
　紀要の刊行は原則として毎年度1回とし、有償頒布するものとする。ただし、正規の会費を納入した会員及び理事会が必要と認めた機関、団体、個人に対しては無償配布とする。

第11条　著作権
　紀要に掲載された論稿等については、その著作権のうち、複製権（電子化する権利を含む）、公衆送信権（公開する権利を含む）は、これを日本国際教育学会が無償で保有するものとする。

第12条　記事の転載
　第11条および第12条第1項の規定にかかわらず、次の各号に定める場合には、紀要に掲載された論稿等の著作者は本学会の許諾を得ることなくその著作物を利用できるものとする。ただし、いずれの場合も、出典（掲載誌名、巻号、出版年、ページ）を明記しなければならない。

(1) 掲載誌発行日より1年を経過したものを著作者が著作物を著作者自身による編集著作物に転載する場合。

(2) 掲載誌発行日より1年を経過したものを著作者の所属する法人も

しくは団体等のウェブサイトに転載する場合（機関リポジトリへの保存および公開を含む）。

第１３条　本規定の改正
本規定の改正は、本則第9条に定める改正手続きに準じるものとする。

第１４条　本規程の発効
本規程は、1990年11月25日を以て発効する。

Provisions for Editing Bulletins of the Japan International Education Society

Article 1   Objective

The objective of these provisions is to maintain and improve the academic standard by means of conducting smooth and fair editing of the bulletin under the regulations of the Japan International Education Society (hereinafter called Main Provisions), Article 6 Paragraph 5.

Article 2   Committee for Editing Bulletins

1) The term of office designated for persons constituting the Committee shall be two (2) years and they may be re-elected.

2) The chairman of the Committee shall perform his or her duties such as calling Committee, presiding over the meeting and other duties separately specified in these Provisions, provided however, that if he or she cannot perform the duties due to any particular circumstances, the vice-chair man shall perform the duties in their place.

3) The quorum required for the Committee shall be a majority of the Committee members present, including the chairman and the vice-chairman of the Committee, however, letters of proxy submitted by regular members who cannot be present at the meeting may be added to the number of those present.

4) In the event of any vacancy of members, the Committee shall immediately request the Board of Directors to fill up such vacancy.

Article 3   Rights to Examination and Editing

The Committee shall be authorized to conduct any and all operations involved with the examination and the editing for manuscripts contributed, and shall have obligation to perform this. The examination and the decision of adoption shall be made by mutual consent. The Committee shall make an agreement with the contributor about the publication of their manuscript in the Bulletin. The contents of the agreement shall be decided and provided separately.

Article 4　Name of Bulletins

The official name of the bulletin shall be the "Bulletin of the Japan International Education Society". The Committee is entitled to bear any particular title on the surface cover in accordance with the editorial policy and its planning.

Article 5　Contents of Bulletin

Contents of the bulletin shall be composed of treatises, survey reports, educational information, book reviews, introduction of data, and others.

Article 6　Contributions

1) The regular and supporting members shall have the right of contribution without any limitation with regard to any kind of treatises, survey reports, educational information, introduction of data and others. If any non-member wishes to contribute, he or she should make a prior application for admission. The contribution procedures shall be provided separately.

2) The Committee is entitled to request for any contribution from the members or non-members according to the editorial policy and planning.

3) The contribution by members constituting the Committee shall not be restricted.

Article 7　Proceeding for Examination

The examination is composed of two stages, a first and second stage of examination.

(1) The first stage of examination

1) Every treatise contributed shall pass firstly through a first stage of examination.

2) The first stage of examination shall be conducted keeping contributor's names and their groups secrete.

3) The chairman of the Committee shall designate two (2) persons in charge of examining each treatise from the Committee members taking account of their professional area.

However, if any member is not qualified to be an examiner, the chairman is entitled to entrust the duty with any other member not belonging to the

Committee or with any other non-member as one of two such members for examination.

4) In examining the treatise contributed by members of the Committee, one of examiners with whom the examination is entrusted must be a member other than the Committee or be a non-member.

5) The chairman of the Committee shall keep the original treatise and deliver two (2) copies of such treatise to two (2) examiners with contributor's names confidential.

6) Persons in charge of examination shall examine papers independently from each other, and submit the results in writing to the Committee.

7) The Committee shall hold a meeting to determine the adoption of said document by mutual consent presented by such examiners.

8) Any contributor who is a member of the Committee shall not be permitted to be present in examination of his or her treatise.

9) If any treatise is recommended to be adopted but part of which is required to be reconsidered or modified at the discretion of the Committee, the treatise may be adopted conditionally with due regard to such part.

(2) The second stage of examination

1) Any such treatise adopted conditionally, and survey report, educational information, and introduction of data, shall pass through the second stage of examination.

2) The second stage of examination shall be conducted with contributor's names and their group names disclosed expressly.

3) With reference to the contributed treatise adopted conditionally at the first stage of examination, such a part reconsidered or modified shall be examined to determine finally whether it should be adopted.

4) Any treatise contributed through the request from the Committee shall be examined subject to the examination proceedings specified in the preceding paragraphs (1) 3), 6), 7) and 9).

5) Survey reports, educational information, and the introduction of data shall be examined by the chairman of the Committee as chief examiner,

and the adoption shall be determined by mutual consent of the Committee, provided that any additional conditions necessary for it's adoption may be established such as the request for reconsideration or modification.

Article 8 Notification and Certificate of Adoption

Upon finally deciding to adopt the manuscript, the Committee must notify the contributor of said adoption. The chairman of the Committee may also issue its certificate upon request from the contributor for said manuscript as finally determined in the adoption.

Article 9 Ethical Provisions

1) The request for contribution shall be made under agreement among members in the Committee exclusively based on the special scholarship or social results, while taking care not to have a bias toward any particular group.

2) The Committee shall not add any matter nor introduce any modification to the manuscripts under examination.

3) Secrecy maintenance

The committee shall maintain its secrecy obligation for any and all contents of manuscripts, the progress of the examinations, and the results for the benefit and the honor of contributors.

4) Reply to raised objection

The Committee shall make a necessary reply in writing to any objection raised against the examination and the editing of the manuscripts. However, the reply shall be given by the chairman of the Committee or examiners in charge based on the unanimous agreement of the Committee but limited up to two times per manuscript.

5) Should it turn out that the manuscript is counterfeit, plagiarized or one which has been published already or is under consideration for publication elsewhere, its adoption or publication shall be withdrawn and the fact will be made public.

Article 10 Publication and Distribution

The bulletins shall be published once a year in principle with charge, provided that they are distributed free of charge to any member who have duly paid the members fee or to such institutions, groups or individuals as particularly approved by the Board of Directors.

Article 11   Copyright

With regard to the copyright of articles carried in the bulletins, the Society holds the right of reproduction (including the right to digitize articles) and the right of public transmission (including the right to make articles public) without compensation.

Article 12   Reprint of Articles

Notwithstanding the provisions of Article 11 and paragraph (1) of Article 12, authors who fall under any of the following items can reproduce their articles carried in the bulletins without any consent from the Society. However, in either case below, the name of the bulletin, volume and issue number, year of the publication, and page numbers should be specified.

(1) If an author wishes to reprint his or her article in a book he or she is currently writing or editing, after one year has elapsed since the publication of the original articles.

(2) If an author wishes to reproduce his or her article on the web site of the institution he or she is affiliated with, after one year has elapsed since the publication of the original articles (including archiving and publications in the institution's repository).

Article 13   Amendment of These Provisions

Any amendment of these Provisions shall be subject to the procedure for amendment stipulated in Article 9 of the Main Provisions.

Article 14   Effective Date of These Provisions

These Provisions shall be effective on and after November 25, 1990.

日本国際教育学会紀要『国際教育』第27号投稿要領

　日本国際教育学会紀要編集委員会では『国際教育』第27号の発刊に際し、自由投稿研究論文、研究ノート、調査報告、教育情報、資料紹介を募集いたします（2021年3月1日必着）。投稿希望の会員は以下の要領にしたがって投稿して下さい。なお、投稿原稿の募集に関しては、本学会公式ウェブサイト（http://www.jies.gr.jp/）の「学会紀要」のページで「編集規程」および「投稿要領」に関する最新情報を必ず確認するようにして下さい。

1．投稿要領（論文・その他）
（1）投稿資格
　　　投稿資格は、日本国際教育学会の会員に限られる。投稿に際して、入会審査が完了していること、当該年度の会費を完納していることが投稿の条件となる。
（2）投稿論文（等）のテーマ
　　　論文（等）のテーマは日本国際教育学会活動の趣旨に沿うものとする。
（3）投稿原稿の要件
　　①　投稿原稿は、口頭発表の場合を除き，未発表のものに限る。
　　②　使用言語は、日本語、英語、中国語のいずれかとする。
　　③　他の学会誌や研究紀要などへの投稿原稿と著しく重複する内容の原稿を本誌に併行して投稿することは認めない。
　　④　前号に論文（等）が採用された者の連続投稿は原則として認めない。
　　⑤　本投稿要領に反する原稿は受理できない。
（4）投稿原稿の種類
　　①　研究論文：国際教育に関する理論的知見を伴う研究成果であり、独創性のある実証的または理論的な論考。
　　②　研究ノート：論文に準じ、断片的に得られた研究成果や調査成果であり、特に新しい知見、萌芽的な研究課題、少数事例、新しい調査・研究方法、などの発見・提起に関する考察で発展性のあるもの。
　　③　調査報告：国際教育に関する調査の報告であり、調査の目的と方法が明確で、なおかつ調査結果の分析と解釈が妥当で資料的価値が認められるもの。
　　④　教育情報：国際教育の参考となる研究・実践・政策等に関する情報で、

速報性と話題性の観点から研究上の価値が認められるもの。

⑤ 資料紹介：国際教育の参考となる資料の紹介であり、国際教育の研究と実践においてその資料を広く共有することの意義が認められるもの。

（5）原稿の様式

① 原稿は、図や表、脚注を含めて全て横書き、ワープロ書き、10.5 ポイントとし、Ａ４判用紙を使用することとする。

② 和文、中文は、1行40字×40行（1,600字）で印字する。英文はダブル・スペース22行とする。

③ 執筆分量は下表の通りとする。

投稿原稿の別	ページ数制限
研究論文（Research Paper）	和文 10 ページ以内 英文 23 ページ以内 中文 6 ページ以内
研究ノート（Research Note）	和文 8 ページ以内 英文 19 ページ以内 中文 5 ページ以内
調査報告（Research Report） 教育情報（Research Information） 資料紹介（Data）	和文 5 ページ以内 英文 15 ページ以内 中文 3 ページ以内

④ 英文原稿は American Psychological Association's Manual of Style, 6th Edition に準拠する。

⑤ 日本語及び英語でキーワード（それぞれ5つ以内）を挙げる。

⑥ 題目は12 ポイントとし、日本語・中国語の場合は副題も含めて30字以内、英語の場合は15 words以内とする。

⑦ 「注」と「引用・参考文献」は分けて記述する。「注」は注釈として用い、「引用・参考文献」は論文で用いた文献リストを論文末に挙げること。

〈表記例〉

【注】

1）本稿では○○の対象を△△に限定する。

【引用・参考文献】
日本国際教育学会創立20周年記念年報編集委員会編（2010）『国際教育学の展開と多文化共生』学文社。

〈本文中の引用文献の表記例〉
文中の場合：伊藤（2004）によれば・・・
文末の場合：・・・（伊藤 2004, p. 10)。

⑧ 原稿にはページ番号を付す。
⑨ 審査の公平を期するため、提出する原稿において「拙著」「拙稿」の表現や、研究助成や共同研究者・研究協力者等に対する謝辞など、投稿者名が判明するような記述は行わない。
⑩ 投稿に際しては、十分に推敲を行うこと。特に外国語を使用する場合、誤字・誤記あるいは文法的誤りのないように十全の準備を行い投稿すること。

（6）原稿送付方法
① 投稿の際は、以下の3点（投稿原稿、要旨・日本語訳、投稿原稿種の区分と連絡先）の電子ファイルを、原則としてemailにて下記アドレスに提出する。
② 原稿は、Microsoft Word（拡張子docもしくはdocx.）にて作成し、無記名で提出する。
③ 和文論文には英語500語以内の要旨、英語・中国語論文には日本語の要旨（A4×1 枚以内。字数は上記規定に準拠する）をMicrosoft Word（拡張子docもしくはdocx.）にて作成し、無記名にて提出する。英文要旨にはその日本語訳をつける。
④ 別紙（A4判）に、投稿原稿種の区分、原稿の題目、氏名（日本語・英語）、所属・職名（日本語・英語）、キーワード、連絡先（住所、電話、メールアドレス）を記入して提出する。
⑤ 提出後の原稿の差し替えは認めない。また原稿は返却しない。
⑥ 投稿する論文（等）と内容の面で重複する部分を含む論文（等）を既に発表ないし投稿している場合は、その論文（等）のコピーを1部添付する（郵送可）。

（7）原稿送付期限

投稿原稿は2021年3月1日（必着）までに、紀要編集委員会宛に提出するものとする。投稿原稿は、紀要編集委員会において審査を行い、採択、修正のうえ再審査、不採択が決定され、投稿者に通知される。再審査の場合、定められた期間内での原稿修正の権利が与えられる。

2．問い合わせ先／原稿送付先
日本国際教育学会紀要編集委員会事務局
E-mail: jies.kiyou@gmail.com
〒464-8601　名古屋市千種区不老町
名古屋大学大学院教育発達科学研究科　服部美奈気付
E-mail: s47544a@cc.nagoya-u.ac.jp

※論文提出後3日以内に受領確認メールが届かない場合は、上記編集委員会に必ず問い合わせてください。

ADDITIONAL GUIDELINES FOR ENGLISH MANUSCRIPTS
CALL FOR PAPERS: JOURNAL of INTERNATIONAL EDUCATION, Volume 27

Submissions to the 27th edition of the Journal of International Education are now being accepted, with a deadline of March 1, 2021. Authors making submissions in English should review the following guidelines. Any manuscripts not conforming to this procedure will not be accepted. Authors should also refer to the latest version of this procedure in addition to the Provisions for Editing Bulletins of JIES on the JIES website (http://www.jies.gr.jp/) before submission.

1. Conditions for accepting manuscripts

  (1) Manuscripts must be original work of the author(s).

  (2) Journal of International Education (JIE) considers all manuscripts on the strict condition that they have been submitted only to JIE, that they have not yet been published, nor are they under consideration for publication elsewhere.

  (3) Authors whose papers were accepted in the previous year cannot submit in the present year.

2. Submission

  (1) Papers should be double spaced, submitted on A4-size paper, and contain twenty-two lines per page. Margins on the top, bottom, and sides should be no shorter than 2.5 centimeters (i.e., one inch). The title should be typeset in 12pt font in 15 words and the body of the paper should be typeset in 10.5pt font. Papers, when properly formatted, must not exceed the size limits stated for the paper categories as follows:

Submission category	Size Limit
Research Paper	23 pages, including all text, references, appendices, and figures.
Research Note	19 pages, including all text, references, appendices, and figures.
Research Report	15 pages, including all text, references, appendices, and figures.
Research Information	
Data	

(2) A key word (within 5 of each) should be mentioned in Japanese and English. And,"Note" and "reference" should be separated and described. "Note" is employed as a notation. "Quotation and reference book" mention the document list used by a thesis at the thesis end..

\<Example\>
[Note]
1) · · ·
2) · · ·

[Quotation and reference book]
Smith, J. (2000). *The educational challenges of the new century*. New York: Broadway Publishing.
Pavil, S. (1997). Capitalizing on cultural capital: The movement of knowledge through corporations.
Harvard Business Journal, 14 (1), 654-675.

\<Example of cited literature in the thesis\>
In case of Bunchu ∶ According to Smith(2004).
In case of the end of sentence: ∶ (Smith, 2004, p. 10).

(3) We require that manuscripts be submitted to **jies.kiyou@gmail.com**. If contributors are unable to access email, we will accept disk/CD/USB Flash submissions by mail at the address below.

(4) A cover sheet should include the category of the manuscript (choose one from this list: research paper; research note; research report; research information; data), title, author's name, author's affiliation, key-words, mailing address, telephone/fax number, and e-mail address.

(5) A completed manuscript should be submitted and cannot be returned or replaced once submitted.

(6) All English manuscripts must include a Japanese abstract that is no longer than one page in length (A4 size).

(7) For pagination, use Arabic numerals.

(8) The manuscripts should not have any textual references to the author(s). References to the author's names should be blacked out. The acknowledgements should not be included at the time of submission.

3. Style and format

For general guidelines on appropriate style and format, please refer to the Publication Manual of the American Psychological Association, 6th Edition.

Example:

Smith, J. (2000). *The educational challenges of the new century* New York: Broadway Publishing.

Pavil, S. (1997). Capitalizing on cultural capital: The movement of knowledge through corporations. *Harvard Business Journal*, 14 (1), 654-675.

4. Decision to accept

All manuscripts will be accepted without revisions; accepted conditionally, with stipulations for more revisions; or rejected. In the case of conditional acceptance, the Editorial Committee reserves the right to reject a manuscript after revisions have been made if revisions are deemed insufficient.

5. All authors are encouraged to have their manuscript copy-edited before submitting the paper, especially authors for whom English is a foreign language. Writers who submit manuscripts that have typographical and/or grammatical errors risk having their papers rejected.

Please send all submissions by e-mail to:

Editorial Office: jies.kiyou@gmail.com

Mina Hattori, Ph.D.

Furo-cho, Chikusa-ku, Nagoya, JAPAN 464-8601

Graduate School of Education and Human Development, Nagoya University

E-mail : s47544a@cc.nagoya-u.ac.jp

Inquiries about the journal may be directed to the editorial office by e-mail (jies. kiyou@gmail.com).

You will receive an email confirmation stating that your manuscript has been submitted. If you do not receive this in 3 days, please contact the editorial office by email (jies.kiyou@ gmail.com).

日本国際教育学会役員一覧（第31～32期）

役職	氏名	所属	担当
会長	佐藤 千津	国際基督教大学	
副会長	Jeffry Gayman	北海道大学	
理事	赤尾 勝己	関西大学	学会賞
同	岩崎 正吾	首都大学東京（名誉教授）	紀要
同	大迫 章史	東北学院大学	事務局（総務）
同	太田 浩	一橋大学	組織
同	大谷 杏	福知山公立大学	研究
同	北野 秋男	日本大学	研究大会（第32回）
同	栗栖 淳	国士舘大学	規程
同	佐藤 秀樹	青年海外協力協会	事務局（事務局長）
同	下田 誠	東京学芸大学	国際交流
同	Zane Diamond	Monash University	国際交流
同	玉井 康之	北海道教育大学	研究大会（第31回）
同	新関ヴァッド郁代	産業能率大学	事務局（広報）
同	西山 渓	同志社大学	事務局（会計）
同	服部 美奈	名古屋大学	紀要
同	前田 耕司	早稲田大学	研究
同	吉田 尚史	福岡女学院大学	ニューズレター
事務局長	佐藤 秀樹	青年海外協力協会	
会計監査	小山 晶子	東海大学	
同	田中 達也	釧路公立大学	

編集後記

　紀要第26号をお届けします。コロナ感染拡大により、例年より1ヶ月程の刊行の遅れが生じたことをお詫び申し上げます。今回の『国際教育』の第26号では、研究論文5編、研究ノート1本、書評1本、図書紹介2本、第30回記念研究大会（シンポジウムⅠ・Ⅱと課題研究）を掲載しています。内容的にも各国の様々な教育改革への取り組みが紹介され、日本国際教育学会にふさわしい論文が掲載されたものと思います。執筆者の皆様には、ご多忙の中、原稿を執筆して頂き、心から御礼申し上げます。

　今回は、研究論文6編、研究ノート1本、教育情報1本、書評1本、図書紹介2本の投稿がありました。二段階の厳正な審査を経て、このような結果になりました。特筆すべきは、何といってもコロナ・ウイルス感染の影響を受けて、従来の対面式の編集委員会を開くことが出来なかったことでした。もちろん、これは致し方ないことであり、誰の責任でもありませんが、やはり対面式の編集員委員会が出来なかったことは残念でした。まさに記録と記憶に残る年度になったと思います。

　編集委員会のメンバー各位は、コロナ感染問題で公私ともに多忙で、様々な問題に遭遇されていたと予想しますが、それでも投稿論文への真摯な査読と丁寧な講評は、従来以上のものでした。本当に感謝申し上げたいと思います。今回掲載された紀要論文は、従来と同程度か、もしくは従来以上に質の高いものとなったと言えます。今回、残念ながら採択に至らなかった論文の投稿者の方も、次号に投稿していただけることを期待します。今後とも会員の皆様の積極的な投稿をお待ちしています。

　最後になりますが、学事出版株式会社の花岡萬之様、鷹野原美奈様、ならびに学会執行部（佐藤千津会長、坂内夏子事務局長など）、編集委員会の皆様のご支援・ご協力のお陰で、本号を無事に刊行することができました。また、本号の表紙の写真を提供して頂いた服部委員、英文校閲を担当して頂いたジェフ委員には重ねて御礼申し上げます。

（紀要編集委員長　北野秋男）

日本国際教育学会紀要編集委員会
（2019年～2020年）

委 員 長　　北　野　秋　男　（日本大学）
副委員長　　栗　栖　　　淳　（国士舘大学）
委　　　員　　大　迫　章　史　（東北学院大学）
　　　　　　　Jeffry Gayman　（北海道大学）
　　　　　　　澤　田　敬　人　（静岡県立大学）
　　　　　　　下　田　　　誠　（東京学芸大学）
　　　　　　　玉　井　康　之　（北海道教育大学）
　　　　　　　服　部　美　奈　（名古屋大学）
編集幹事　　大　泉　早　智　子　（日本薬科大学）
　　　　　　　薩　　　茹　拉　（日本大学大学院院生）

英文校閲　　Jeffry Gayman　　（北海道大学）

「国際教育」第26号
編集者：日本国際教育学会『国際教育』編集委員会
発行者：日本国際教育学会
　　　　＜学会事務局＞
　　　　　〒162-8433　東京都新宿区市谷本村町10-5　JICA地球ひろば
　　　　　（公社）青年海外協力協会　佐藤秀樹気付
　　　　　E-mail：jies.kiyou@gmail.com
　　　　＜『国際教育』編集委員会事務局＞
　　　　　〒156-8550　東京都世田谷区桜上水3-25-40
　　　　　日本大学文理学部教育学研究室　北野秋男研究室気付
　　　　　E-mail：kitano@chs.nihon-u.ac.jp
印刷所：学事出版株式会社
　　　　　〒101-0021　東京都千代田区外神田2-2-3
発行日：2020年10月1日